David Albahari
SNEŽNI ČOVEK

REČ I MISAO
KNJIGA 509

Urednik
JOVICA AĆIN

CIP – Каталогизација у публикацији
Народна библиотека Србије, Београд

886.1-31

АЛБАХАРИ, Давид

    Snezni čovek : roman / David Albahari. – Beograd : Rad, 2000
(Lazarevac : Elvod-print). – 107 str. ; 18 cm. – (Reč i misao : knj. 509)

Str. 101–105: Snežni čovek Davida Albaharija / Mihajlo Pantić.

ISBN 86-09-00701-4
ID=85319436

DAVID ALBAHARI

SNEŽNI ČOVEK

roman

IZDAVAČKO PREDUZEĆE „RAD"
BEOGRAD

Autor zahvaljuje Markin-Flanagen programu za istaknute
pisce pri Univerzitetu u Kalgariju koji mu je omogućio
nesmetan rad na rukopisu ove knjige.

Šofer me je čekao na aerodromu, kao što su mi najavili. Mogao sam da ga vidim još pre nego što sam izašao: dok sam stajao pored pokretne trake sa koferima, dok sam tragao za slobodnim kolicima, dok sam cariniku predavao ispunjen formular. Izlazna vrata su se automatski otvarala i zatvarala, ali svaki put, bez obzira gde sam se nalazio, video sam šofera na istom mestu, u nekoj vrsti uniforme, sa kačketom, i sa visoko podignutom tablom na kojoj je, plavom kredom, bilo ispisano moje ime. Posle sam utvrdio da to nije plava kreda već plavi flomaster, kao što ni tabla nije bila tabla već grubo obrezani komad kartona. To se desilo malo kasnije, kada sam, gurajući pred sobom podbulu putnu torbu, izašao iz carinske zone i prošao kroz mali, ograđeni prostor, sličan levku, koji je vodio u svet. „U svet" su, zapravo, bile moje reči, one koje sam ponavljao sve vreme, tokom celog leta, i kojih sam se najpre setio kada sam se probudio usred oluje, dok je avion škripao i podrhtavao a stjuardese obilazile uznemirene putnike. Otvorio sam oči i ugledao tamne, kovitlave oblake, i dok je iz slušalica – koje su mi i dalje bile na ušima – dopirao jednolični ritam velikog džez-orkestra, pomislio sam: „U svet", tako, jednostavno, kao da se to nije moglo uraditi na drugi način, bez prolaska kroz oluju. Avion je načas propao, poverovao sam da će mi utroba izaći kroz usta. „U svet", ponovio sam i osetio kako mi se vraća mir, kao da moje telo pomaže letilici da se ispravi, oluji da se stiša, stjuardesi da spusti ruku na čelo starice na susednom sedištu. Sve to nije moglo tako dugo da traje; reči su, uostalom, uvek sporije od istine; i kada sam ponovo otvorio oči, avion se već približavao pisti, delovi krila su se podizali i spuštali, a dobro poznata mučnina ispunjavala mi je stomak. Izašao sam na drhtavim nogama, što sam pripisao strahu, i krenuo za kolonom putnika. Pored mene su, u redovnim razmacima, promicali rubovi montažnih elemenata, sakriveni plastičnim navlakama, zatim natpisi koji su, na više jezika, upozoravali na razne propise, pozivali se na razne članove zakona, najavljivali pasošku kontrolu i tražili da se pripreme useljenički dokumenti. Pred jednom tablom stajala je indijska ili pakistanska porodica, i muškarci su pomno upoređivali svoje papire sa brojevima i slovima na svetlucavoj površini. U uglu hodnika, oslonjena na zid, starija žena je pokušavala da učvrsti potpeticu na desnoj sandali. Druga žena, znatno mlađa, sedela je na klupi. Muškarac pored nje, sa šeširom, vezivao je pertle. Drugi muškarac, koji nije mogao da ima nikakve veze s njima, brisao je čelo. Pasoški službenik je bio mlad, gotovo dečak, premda mu je glas bio dubok i čvrst. Ceo aerodrom je bio samo skup rečenica, ali da nije bilo svih tih rečenica, odavno bih se srušio. Stajao sam zahvaljujući rečima, što nikada ne bih poverovao da mi je neko drugi pričao. Držala su me slova, držale su me reči; disao sam zahvaljujući interpunkciji. Slova su se pojavljivala na traci, ispisivala broj leta, a mali koferi su preletali preko ekrana i najavljivali skori dolazak prtljaga. Onda su se vrata otvorila i, odmah potom, zatvorila, ali i to je bilo dovoljno da ugledam šofera: čekao me je, kao što su mi najavili, visoko iznad glave držao tablu sa mojim imenom, ispisanim plavom kredom. Kasnije, kada sam izašao iz carinske zone i prošao kroz ograđeni prostor koji nas je vodio u dubinu aerodromske zgrade, uvideo sam da su slova bila ispisana plavim flomasterom, a da je ono za šta sam u prvi mah pomislio da je tabla samo komad grubo obrezanog kartona. U donjem desnom uglu nazirao se deo nalepnice, ali tada sam već prolazio pored šofera i tako, u hodu, dok sam nogama gurao veliku putnu torbu, nisam mogao da pročitam nijednu reč. Zastao sam na sredini hola, spustio kofer pored putne torbe, sklonio kosu s čela. Uvek sklanjam kosu s čela kada se zaustavim. Oko mene, u svim pravcima, promicali su ljudi, bučni, namršteni, zagrljeni. Jedan mladić je milovao svoju devojku po stražnjici; jedna starica je držala buket; dva dečaka su se dobacivala lopticom za stoni tenis; devojčica je zadigla suknju i češala se između butina. Kada sam se okrenuo, šofer me je posmatrao. I dalje je držao natpis visoko iznad glave, premda samo jednom rukom, ali sada okrenut prema meni. Da sam tada izašao iz carinske zone, ne bih ga video, ni natpis ni šofera, ali niko više nije izlazio. Levak je bio prazan. Posle, kada smo već sedeli u kolima, šofer je rekao da je odmah znao da sam to ja, ne, naravno, dok sam prolazio pored njega, jer je tada, dok sam prolazio pored njega, bio usredsređen na pokretna vrata, na nove putnike koji su se na njima pojavljivali, ali kada su ona stala, dakle, kada su prestala da se otvaraju i zatvaraju, i ostala zatvorena, on je odmah znao da sam to ja, onaj koga će ugledati kada se okrene. Okrenuo se i video me kako stojim nasred hola, sam. „Torba mi je kazala da ste to vi", rekao je. „I kofer je govorio, ali torba je bila glasnija." Morao sam da se prignem da bih ga čuo, toliko je motor bio bučan. Tamo, na aerodromu, jednostavno sam mu prišao. Prethodno smo se gledali nekoliko trenutaka, onda je on kažiprstom slobodne ruke pokazao moje ime, dotičući svako slovo i otvarajući usta kao

da ga izgovara. Ništa nisam čuo, ali sam znao šta bih
čuo, a posle, u kolima, nagnut kao pritka, nisam čak
ni znao šta treba da čujem dok sam posmatrao kako
mu se otvaraju usta. On me je pogledao, nasmešio se,
podigao obrve; došlo je, dakle, vreme da mu odgovo-
rim, ali nisam znao šta da kažem; odmahnuo sam ru-
kom, računajući da taj pokret, dovoljno sveobuhva-
tan, nosi u sebi nešto što će on razumeti: potvrdu ili
odricanje, nevericu ili obećanje. Ne znam otkuda obe-
ćanje u odmahivanju, na tako nešto mogao sam da po-
mislim verovatno samo zbog umora, ali dok sam, is-
košen, zaslepljen farovima kola koja su nam dolazila
u susret, odmahivao rukom, pomislio sam upravo na
obećanje, poželeo da on u tom pokretu takođe prepo-
zna obećanje, ili nadu, makar iščekivanje, bilo šta. U
početku, kada smo napustili aerodrom, pokušao sam
da pratim našu putanju, da pamtim redosled skreta-
nja, kao da ulazim u lavirint iz kojeg ću kasnije mo-
rati s naporom da izlazim, ali sam ubrzo odustao. Grad
je bio prevelik, noć se spuštala nepojmljivom brzi-
nom, nazivi ulica su mi izmicali, trgova, u stvari, ni-
je bilo, a sa strane, kao na platnu, promicao je grad-
ski centar, desetine solitera nabijenih svetlošću kao
užarene zvezde. Nekoliko puta glava mi je padala na
grudi, oči se sklapale od umora, vilica se opuštala i
tonula u prazninu, ali uvek sam uspevao da se povra-
tim, uz trzaj, uz nadu da šofer nije ništa zapazio. Tek
kasnije, kada sam ostao sam u kući, umor me je savla-
dao, osetio sam kako se raspadam, i pomislio sam:
„Ovde ću ostariti.“ Na jednoj raskrsnici šofer je re-
kao: „Stigli smo“, i skrenuo levo, potom desno. Nije
moglo da bude kasno, kada je avion sleteo još je bio
dan, ali sve kuće pored kojih smo prolazili su bile u
mraku, ili se samo negde u dubini nazirao trag svetla,
iako je noć tek tada zavladala nebom. U stvari, upra-
vo smo skretali u ulicu koja je, tokom nekoliko na-

rednih meseci, trebalo da bude moja ulica, kada je noć prekrila celo nebo i potisnula rumenu nit, sa kako sam pretpostavio, zapada. Nikada nisam shvatao geografiju, i nikada nisam uspeo da se orijentišem u prostoru, bez obzira na kompase ili mahovinu ili sve ono što sam učio u vojsci. Ponajmanje su zvezde mogle da mi pomognu. „Tu smo", rekao je šofer, i automobil je stao. Kuća je bila mala i mračna. Šofer je imao ključeve. Koverat sa uputstvima, rekao je, čekao me je na stolu u kuhinji. On je poneo putnu torbu; ja sam podigao kofer. Nazirao sam travnjak, pretpostavljao sam da je drvo na levoj strani jela ili bor, u svakom slučaju: četinar, dok je drvo na desnoj strani moglo da bude breza. Iz krošnje je, dok smo prolazili, prhnula ptica. „Ovde ima mnogo ptica", rekao je šofer. Već je vadio ključeve iz džepa, nije to bio veliki svežanj, ali dovoljno velik da pomislim, makar na tren, da će upravo iz džepa izvaditi pticu. Do tada je on već otvorio vrata, otključavši prvo gornju pa donju bravu, i sklonio se u stranu kako bi me propustio u prostor koji je, u tom času, bio samo gušći mrak. Mrak i ustajali vazduh. „Moraćemo malo da provetrimo", rekao je šofer, i krenuo kao da zna kuda ide. Onda se vratio da upali svetlo. „Prekidač je odmah pored vrata", rekao je šofer. Ulazna vrata su i dalje bila otvorena, i kada sam pogledao svoja stopala, video sam da stojim iznad praga, s jednom nogom unutra a s drugom napolju. Možda sam još uvek mogao da se vratim, pomislio sam tada, ne tako precizno, naravno, jer je umor gmizao po mom celom telu, i jer sam se oduvek gnušao ustajalog vazduha. „Koverat je ovde", rekao je šofer, već u kuhinji. Podigao sam nogu, onu koja je bila ostala napolju, visoko, kao da trčim preko prepona, i ušao u kuću. „Otškrinuću prozor", rekao je šofer. Svetlo u sobi je bilo blago, mnogo blaže nego što sam očekivao. „U frižideru ima hrane", re-

9

kao je šofer. Pomenuo je jaja, mleko, sir, mesne nare-
ske, kao da ih predstavlja, kao da ih lično poznaje.
„Sve je u redu", rekao je šofer iz kupatila. Nije pome-
nuo peškire, ali imao sam dva peškira, manji i veći, u
putnoj torbi. U jedan sam zamotao rukopise; u drugi
sam zamotao fotografije. „To je sve što ja znam", re-
kao je šofer. O svemu ostalom, rekao je, doznaću su-
tra na univerzitetu. Doći će po mene tačno u deset, re-
kao je. Pružio mi je ruku. Imao je malu, toplu šaku, i
jedva sam se suzdržao da je ne poljubim. Zatvorio je
ulazna vrata i ostavio me u rasvetljenoj kući. Svugde
je gorelo svetlo: u dnevnoj sobi, u kuhinji, u kupatilu,
u spavaćoj sobi, u sobici sa kompjuterom koja je,
pretpostavio sam, trebalo da bude moja radna soba.
Pomislio sam da pođem za njim i da mu kažem koli-
ko mrzim univerzitet, ponekad je dobro otvoriti srce
nepoznatim ljudima, ali onda sam čuo kako se pali
motor. Uostalom, ne bih imao snage da ponovo pre-
đem prag, već sam jedva vukao noge po podu, i mo-
gao sam jedino da mislim na sok od pomorandže, ko-
ji šofer nije bio pomenuo, ali za koji sam, u jednom
od poslednjih pisama, naglasio, zamolio: bolje je reći,
da me obavezno sačeka kada stignem. Mrzeo sam
univerzitet, mrzeo sam svet akademije, i ta mržnja,
koju više nisam osećao kao mržnju već kao nelagod-
nost od koje se ne može uteći, pomešana sa umorom
koji je gmizao po mom telu, mogla je da se ublaži sa-
mo sokom od pomorandže. Da te večeri nisam zate-
kao sok od pomorandže u frižideru, nijedan prag me
ne bi zadržao, pomislio sam dok sam sedeo za kuhinj-
skim stolom. I sutradan, u kancelariji dekana, sok od
pomorandže, koji sam odmah zatražio od njegove se-
kretarice i koji je ona odmah donela, sprečio me je da
ne odem. „Sve dok imam dovoljno soka od pomoran-
dže mogu da izdržim svako naprezanje", pomislio
sam za kuhinjskim stolom, i to je bila moja prva *pre-*

10

cizna misao te večeri. Toliko precizna, u stvari, da sam na trenutak pomislio da se ništa nije dogodilo, da sam i dalje u *svom* stanu, a ne ovde, *u tuđini,* i da bih, ako se okrenem, ugledao kalendar na kojem sam, s krajnjom pažnjom upisivao sve ono što sam nameravao da uradim, i što naravno, uglavnom ne bih nikada uradio. Već ta misao nije bila toliko precizna kao prethodna, a ni kalendar više nije bio precizan u mom pamćenju. Umor više nije gmizao po meni, umor je maršao preko mene, i pomislio sam da bi bilo dovoljno da spustim čelo na sto, tu, u kuhinji, i da zaspim. Međutim, bojao sam se snova, plašio sam se nepoznatih šumova, strepeo sam od tuđeg kreveta. Tada sam, u stvari, prvi put pomislio da kuća u kojoj sam se nalazio nekome pripada, gotovo sam osetio to prisustvo, pre kao činjenicu nego kao upozorenje, ništa jasno definisano, ništa *precizno,* ponajmanje nadnaravno. Nikada nisam strepeo od *takvih* stvari. Uzeo sam svežanj ključeva, podigao koverat sa uputstvima. Iz daljine, tamo gde je bio grad, možda iz neke od ulica kojima smo prošli, dopirao je zvuk sirene kola za hitnu pomoć. Uputstva su bila sasvim kratka, bez potpisa. Ništa nije odavalo ko ih je sastavio. Telefon je bio uključen, pisalo je u njima. Đubre se odnosi petkom, pisalo je. Struja, gas, voda, sve je bilo sređeno, sve će se plaćati direktno sa mog računa, pisalo je. Možda će vazduh biti suv za moj ukus, pisalo je, i stoga bi bilo dobro da povremeno uključujem ovlaživač u dnevnoj sobi, pisalo je. Sudovi su u gornjim kuhinjskim elementima, pisalo je, pribor za jelo u fiokama pored frižidera. Iako mogu da koristim prednji ulaz, pisalo je, stražnji je praktičniji. Nije pisalo zašto je praktičniji. Zapravo, tek tada sam primetio ta vrata. Pročitao sam „stražnji ulaz" i pogledao pravo u ta vrata, kao da sam oduvek znao da se tu nalaze, kao da su sva uputstva napisana da bih pogledao u njih. Otpio sam gutljaj soka od pomorandže, ustao i otvorio ih. Vodila su u stražnje dvorište, u senke za koje sam pretpostavio da su grmovi jorgovana, neki ukrasni žbun, možda mladi lešnik. Narednog dana, po dnevnoj svetlosti, sve je bilo drugačije, pogotovo žbunovi. Stražnje dvorište je bilo malo, oivičeno drvenom, belom ogradom, a u sredini, ozidan zelenim pločicama, počivao je mali bazen, prazan, u kojem su nekad, nagađao sam, prebivale zlatne ribice ili barske kornjače. Ništa od toga nisam video prve večeri. Video sam naspramne zgrade, mrke konture ispod još mračnijeg neba, poneki osvetljeni prozor, semafore u daljini, reklame za pice i kućne popravke. Zatvorio sam vrata. „Ovde neću moći da živim“, pomisio sam, ne tako precizno, naravno, ali sa sigurnošću koja me je potresla. „Nikome neću moći da kažem da ga mrzim“, pomislio sam nešto preciznije, ali sa mnogo manje sigurnosti. „Hodaću gradom“, pomislio sam, „a mržnja će mi jesti utrobu i prelivati se u moje reči.“ Osetio sam beskrajnu zahvalnost prema osobi koja se potrudila da ispuni moju želju, kupi sok od pomorandže i stavi ga u frižider. Kuća je i dalje bila osvetljena, putna torba i kofer čekali su pored ulaznih vrata, kuhinjski sat se oglašavao blagim, ravnomernim zvukovima, kao da neko pucketa jezikom. „Noć ovde traje beskrajno“, pomislio sam bez ikakve preciznosti. Više sam, u stvari, mislio na „beskraj“ nego na „noć“, više na „ovde“ nego na „trajanje“. Odavno sam, u stvari, raskrstio s trajanjem, i ako je postojao neki razlog što sam ipak prihvatio poziv i što sam došao, onda ga je trebalo tražiti u onome s čime sam raskrstio, ni u čemu drugom. Došao sam zato što sam prestao da trajem, bio sam niz isprekidanih sekvenci, uvek početak, nikada kraj. Otišao sam da legnem, tako, iznenada, ostavljajući upaljena svetla, papire sa uputstvima na kuhinjskom stolu, putnu torbu i kofer. Jedino sam sok od pomorandže vratio u frižider. Zatvorio sam oči, a kada sam ih ponovo otvorio, bio je dan. Ležao sam u krevetu i čekao da ponovo osetim umor, ili vrtoglavicu, ili glad, ali ništa nisam osećao. Šofer je došao u deset, kao što je rekao. Do tada sam se obrijao, raspakovao putnu torbu i kofer, složio stvari u plakar, rasporedio papire pored kompjutera. Kada sam otvorio vrata, šofer mi je pružio ruku. „Dobro ste spavali", rekao je. Nije pitao, samo je rekao „Dobro ste spavali", kao da se to podrazumeva, kao da u ovom gradu svako dobro spava. Obukao sam sako, poneo fasciklu s prepiskom. Da sam mu prethodne večeri otvorio srce, sada ne bih mogao da ga pogledam u oči, vrzmalo mi se po glavi dok smo sedali u automobil. Ponekad nije loše ne učiniti ono što čovek najviše želi da učini; tako se oslobađamo kajanja, tako se učimo na greškama koje nismo načinili. Pod dnevnom svetlošću ulice su izgledale šire, sekle se pod pravim uglom, kao u svakom uspešnom lavirintu. Šofer mi je skretao pažnju na objekte pored kojih smo prolazili: na baptističku crkvu, na tržni centar, na glavni autoput koji je, rekao je, vodio s kraja na kraj zemlje, što je zapravo značilo, rekao je, s kraja na kraj kontinenta, na brdo koje se valovito gubilo u daljini i koje je, rekao je, predstavljalo kraj i početak planina, što je zapravo značilo, rekao je, kraj i početak velike ravnice. „Za Indijance", rekao je šofer, „brdo je bilo sveto." Imao je visoke, ispupčene jagodice, možda je i sam bio Indijanac. Nebo je bilo plavo i vedro, i veliko kao prevrnuto korito. Jasno se uočavala kupola svoda. „To je zbog toga što smo tako daleko na severu", rekla je dekanova sekretatrica dok mi je prinosila čašu sa sokom od pomorandže, koji sam zatražio čim sam ušao u kancelariju, dodavši istog časa kako sam zadivljen veličinom i plavetnilom neba, kao da nikada pre toga nisam video nebo i kao da je to jedini razlog zbog ko-

13

jeg želim sok od pomorandže. U stvari, da nije bilo tog soka od pomorandže, tada, u dekanovoj kancelariji, i prethodne večeri, u frižideru, verovatno bih se odmah vratio odakle sam došao. Celog života sam mrzeo univerzitet i akademski stalež, a sada sam sedeo u samom središtu akademskog života, osećao kako pulsira oko mene, i morao da se pretvaram da ga ne mrzim, da ga ne osećam. Sve te priče o značaju obrazovanja bile su zapravo beznačajne, niko u tom svetu akademije, ni u jednom svetu akademije, nije znao šta je obrazovanje i kako se ono stiče, sve je to bilo isprazno poigravanje činjenicama, zadovoljavanje taštine i podupiranje iluzija. Onog časa kada me je šofer ostavio pred visokom zgradom u kojoj su bile smeštene društvene nauke, kada sam zakoračio u prostrani hol i odjednom ušao u žagor studenata, poželeo sam da se vratim, pogotovo dok sam u liftu posmatrao mladiće i devojke sa rancima, blokovima papira i bubuljicama. Samo me je sok od pomorandže zadržao. Tada, a i nešto kasnije, u dekanovoj kancelariji, dok sam upoznavao profesore i predavače, i slušao kako izgovaraju rečenice o tragediji zemlje koja je u ratu, o nemilosrdnoj sudbini i neminovnosti istorije. „Možda se sve to moglo izbeći“, rekla je sitna žena, crne kose, profesor sociologije. Profesor političkih nauka je samo odmahnuo rukom. Dekanova sekretarica je dolila sok od pomorandže u moju čašu. Potpisao sam razne papire, primio koverat s čekom, dobio raspored predavanja i književnih večeri. „Ovde ćete biti srećni“, rekla je dekanova sekretarica. Imala je plave oči, iste kao nebo. Odvela me je u kancelariju koju su meni namenili. Ako još jednom budem morao da prođem kroz hol sa studentima, pomislio sam, onesvestiću se. Dekan se pojavio na vratima. „Došli ste ovamo da pišete“, rekao je, „i sve ćemo učiniti da vas ništa u tome ne omete, ponajmanje uspomene.“ Nisam mogao da se setim nijedne uspomene. „Kada se država raspada", rekao je profesor političkih nauka iza njegovih leđa, „teško je održati delove tela na okupu." Podigao je obrve, iščekujući odgovor. Nisam mu odgovorio. Pomislio sam na kuću u kojoj sam prenoćio, na zatamnjeno ogledalo u predsoblju, na plakar koji je bio prevelik za moje stvari. Profesor političkih nauka je rekao da je telo država, da su ruke i noge narod, da je glava parlament; jedino nije ništa odredio za srce. „Srce je prevaziđeno", rekao je. „Srce je anarhista", dodao je dekan. U Evropi, smatrali su, previše pažnje se posvećuje srcu, kao da glava ne počiva na vratu i ramenima, na trupu i nogama. „Država koja se oslanja na srce osuđena je na propast", rekao je profesor političkih nauka. Možda sam prebrzo zaključio, pomislio sam, da nikome neću moći da kažem da ga mrzim. Za razliku od prethodne večeri, sada sam mislio znatno preciznije, iako sam u zglobovima, pogotovo u kolenima, osećao klice umora, klice koje će tokom dana, znao sam, izrasti u cvetove, u puzavice, bolje rečeno, zbog kojih ću morati da puzim između kuhinje i kupatila, između radne sobe i televizora. Vratio sam se peške. U liftu sam ponovo stajao između studenata i njihovih praznih pogleda, trudeći se svom snagom da ne postojim. Brdo kojem nisam znao ime nadnosilo se iznad ulice koja je spajala univerzitetski kompleks i deo grada u kojem se nalazila ulica sa kućom u kojoj sam prenoćio. Nisam znao ni kako se ona zove, ništa nisam znao. Neće moći to još dugo da traje, pomislio sam, to blaženo neznanje; uskoro će svaka stvar imati svoje ime; ništa više neće moći da se gleda samo kao predmet gledanja, bez pripadnosti; sve će hteti da bude ono što jeste, ništa više. Pored crkve, na drvenoj tabli, pisalo je „Bog je u detaljima", crvenim slovima, samo je tačka na kraju rečenice bila crna. Kada sam se udaljio od univerziteta, počeo

sam da dišem punim plućima, korak mi je postao čvr-
šći, ruke su se gibale, čak sam podigao glavu, prestao
da žmirkam. Ništa toliko ne ubija čoveka kao umiš-
ljeno obrazovanje, kao sistem koji mu se nameće kao
nepobitno tačan. Ništa nije toliko strašno kao rečeni-
ca koja tvrdi da je samo ona tačna, bez obzira da li
govori o svemiru ili receptu za voćni kolač. Postoji
samo jedan način da se nešto nauči: da se ne uči, mi-
slio sam dok sam čekao da se promene svetla na se-
maforu. Profesor političkih nauka je rekao da će me
prvom zgodnom prilikom pozvati na ručak u univer-
zitetski klub, i ja sam već sada osećao težinu tog obe-
da, grumenje jela koje će mi uništiti želudac. Da ni-
sam znao da me u kući u kojoj sam prespavao čeka sok
od pomorandže, verovatno bih tu, na ulici, morao da
povratim supu i sendvič koje još nisam pojeo. Držao
sam se za stub semafora i posmatrao kako iz daljine
nadiru oblaci. „Ovde gotovo nikada ne pada kiša", re-
kao je šofer. „Ovde je vazduh toliko suv", rekao je,
„da čovek ponekad poželi da živi ispod vodopada."
Nisam se sećao da smo toliko razgovarali; možda je
pričao u kolima čak i u onim trenucima kada sam to-
nuo u san; možda su ti trenuci bili duži nego što mi se
tada pričinjavalo; možda su sada te rečenice izletale
iz moje podsvesti i postajale stvarne? „Glupost", re-
kao sam, „kako bilo koja rečenica može da bude stvar-
na?" Žena koja je stajala pored mene uputila mi je
kratak, podozriv pogled; muškarac iza mene se naka-
šljao. Svetla na semaforu su se promenila. Oblaci su
se takođe promenili. Samo sam ja ostao isti, pomislio
sam dok sam prelazio preko ulice, premda nisam mo-
gao da budem potpuno siguran. Nisam smeo da bu-
dem potpuno siguran, naglasio sam u sebi dok sam
hodao uz žičanu ogradu koja je opkoljavala školsko
igralište. Nikada čovek ne sme da bude potpuno sigu-
ran, ponavljao sam na blagoj uzbrdici. Uvek je bolje,

16

pomislio sam, jedva se suzdržavajući da ne govorim naglas, računati na nesigurnost nego na sigurnost; uvek je bolje čvrsto se osloniti samo na jednu nogu, tako će druga ostati slobodna za svaki mogući položaj. Na uglu ulice u kojoj se nalazila kuća u kojoj sam prespavao radnici su podizali zidove nove zgrade. Jedan radnik je pevao, drugom su usta bila puna eksera. Još uvek nisam mogao tu ulicu da nazovem svojom, nisam, u stvari, ni znao kako se zove, hodao sam pre kao neko ko odlazi nego kao neko ko dolazi, ponajmanje kao neko ko tu živi. Došao sam do ulaznih, prednjih vrata, a kada sam posegnuo za ključevima, setio sam se uputstva da koristim stražnji ulaz, obišao kuću, obazrivo, uveren da svaki moj korak može da natera neku pticu da prhne iz drveća ili ispod strehe. Kada sam stigao u stražnje dvorište, zastao sam da odahnem. U beloj ogradi postojala su bela vrata, usečena i gotovo sakrivena, i kao što sam prethodne večeri izašao na drveni trem, tako sam sada zavirio u stražnju aleju. Onda sam se vratio i pogledao u mali bazen. Do tada, oblaci su iščezli s neba i ono se protezalo, plavo i golo, nalik na nebo u jednoj drugoj zemlji, ali nisam mogao da se setim kojoj. Bio sam u toj zemlji, možda čak dva puta, međutim, tu, u dvorištu, samo sam stajao i piljio u zelene pločice, ne uspevajući da se setim kako se zove. Sigurno bih se setio kada bih ponovo video nebo, pomislio sam, i dalje zagledan u mali, prazan bazen, i tada sam osetio da me neko gleda. Prvo sam osmotrio moj kuhinjski prozor, gotovo krišom, potom, malo slobodnije, prozor radne sobe, potom, već uspravljen, prozorčić na vratima. Onda sam čuo šušanj, i iza bele ograde, u susednom dvorištu, ugledao sam devojčicu. Gvirila je između dve letve, a malo niže, između iste te dve letve, ugurala je jedno koleno, levo, po svemu sudeći, dok se drugim, pretpostavio sam, oslanjala na ogradu. Ponovo sam osmotrio prozore na mojoj kući; ponovo se zagledao u devojčicu. Ona je oblizala usne i trepnula. Istog časa sam se prisetio soka od pomorandže, a slika pune čaše je bila toliko jasna, da sam morao da zatvorim oči. Kada sam ih otvorio, devojčice više nije bilo. Ako bih ih opet zatvorio, pomislio sam, i onda ih još jednom otvorio, možda bi se vratila? Kada sam kasnije o svemu razmišljao, iznenadila me je preciznost te misli: kao da je tada, dok sam stajao iznad bazenčića, s dlanovima na njegovom rubu, iz mene iščezao svaki umor. Što, naravno, nije moglo da bude tačno, jer kada sam se, nekoliko trenutaka kasnije, popeo na trem, otključao stražnja vrata i ušao u kuću, odnosno, kada sam ušao u dnevnu sobu i razmakao zavese, osetio sam kako me umor sustiže, seda mi na leđa i nogama mi mamuza guzove. Postoje dani, pomislio sam, koji se nikada ne završavaju. Mislio sam na prethodni dan koji se, zbog vremenskih zona i razlika, neprekidno protezao, na aerodromima i u avionima, tako da sam stalno, gde god bih se zatekao, dobijao ručak, ili možda užinu, ali nikada večeru, nikada mogućnost da kažem sebi da je dan okončan, premda ta misao nije bila toliko precizna, ni tada ni sada, jer je taj dan, na neki način, i dalje trajao, što se ponajviše pokazivalo u umoru, u tupom bolu u listovima i butinama, u nemogućnosti da završim rečenicu. Seo sam na sofu i kroz veliki prozor gledao kako u krošnju breze uleću ptice. Onda je preko travnjaka pretrčala veverica. Imala je gust rep, sitne crne oči, i šapicama je povremeno brisala vrh njuške. Nebo je i dalje bilo plavo, bar onaj deo koji sam mogao da vidim. Deo koji nisam video ionako nije bio moj, i mogao je, ako mene neko pita, da predstavlja središte oluje ili vrhunac suše. Niko me nije ništa pitao, niko me neće ništa pitati u ovoj kući, pomislio sam uprkos umoru. Da sam samo malo zabacio glavu, da sam osetio naslon sofe na potiljku, da ne govorim o patosu koji me je mamio, sigurno bih odmah zaspao, kao što sam zaspao kasnije, oko ponoći, istog časa kada sam, kako se obično kaže, spustio glavu na jastuk, ne stigavši čak ni da se pokrijem, tako da sam se narednog jutra probudio s drhtavicom, sa strepnjom da se ne pretvori u pravu prehladu, iako nikada nisam verovao da je hladnoća pravi uzrok bolesti. Ustao sam, obrijao se, prerasporedio papire pored kompjutera, pregledao knjige na policama u kuhinji i radnoj sobi. Zastao sam pored kuhinjskog prozora i sklonio kosu s čela. Dnevna soba je bila okrenuta prema istoku, kupatilo je gledalo na sever a kuhinja na zapad, i stražnje dvorište je počivalo u senci. Podigao sam se na prste i pokušao da zavirim u susedno dvorište. Video sam travnjak, dve uske leje s cvećem, ružin grm, kućicu za ptice, loptu na stazi. Pogledao sam na suprotnu stranu, i dalje podignut na prste, ali tamo nisam mogao ništa da vidim zbog visoke žive ograde, prepune sitnih cvetova i dugačkih, tankih trnova, koje nisam *doista* uočio ali koje sam naslutio, pripisujući slutnju svom oskudnom poznavanju botanike, obliku listova i gustini cvetova. „Ovde ću ostariti“, iznenada sam pomislio, još uvek na vrhovima nožnih prstiju, nagnut nad sudoperu, s nosom gotovo priljubljenim uz okno. Misao mi se učinila poznatom, kao da sam je već negde pročitao. Okrenuo sam se, ponovo na celim stopalima, prišao frižideru, izvadio sok od pomorandže. Negde je zalajao pas. Uzeo sam čašu i uputio se u sobu s kompjuterom. Pregledao sam fascikle koje sam doneo, svežnjeve rukopisa, sveščice sa zabeleškama, isečke iz književnih časopisa, i napravio potpuno novi raspored. Uvek sam verovao u moć organizovanog, u red, zaustio sam da kažem, iako me niko nije ništa pitao. Iz smeđeg koverta sam izvadio papire koje mi je dala dekanova sekretarica: kopiju ugovora, formulare za zdravstveno osiguranje i zubarske uslu-

19

ge, mapu univerzitetskog kompleksa, radno vreme biblioteke, adresar knjižara i muzeja, spisak predviđenih obaveza. Tri književne večeri, pisalo je na tom spisku, jedno predavanje o nacionalizmu, jedan razgovor o savremenoj književnosti, jedna panel diskusija o poetici kratke priče, susreti sa studentima kreativnog kursa pisanje, jedan odlazak u osnovnu školu, jedan odlazak u gimnaziju, čitanje rukopisa. Nisam znao o kojim rukopisima je reč, ali osetio sam kako se u meni, uprkos soku od pomorandže, obnavlja stara mržnja. Trebalo je preksinoć, pomislio sam, da stignem šofera i otvorim mu srce; *moje,* ne njegovo; i da mu kažem koliko doista mrzim univerzitet. Bilo bi mi lakše *sada,* kada nisam imao kome to da kažem, osim sebi. I ne toliko univerzitet, pomislio sam, koliko veru u obrazovanje, u sistem učenja koji, navodno, omogućuje da se vidi bolje od svakoga ko se nalazi izvan tog sistema, drugim rečima: svaki sistem, pogotovo onaj koji propoveda da se sve može naučiti, pa i pisanje, pa i svaka umetnost, kao da je pisanje, pa i svaka umetnost, doista nauka, zbir definicija, jednačina i negacija. Otići ću kod dekana, pomislio sam, i reći mu da ne mogu da ostanem, ne zbog njega, naravno, naglasiću to, već zbog toga što vera u obrazovanje, pogotovo kada je reč o umetnosti, podrazumeva neverovanje u samu umetnost, u ono od čega se umetnost stvara: od praznina između reči, od tišina između zvukova, od belina između slika. Onaj ko veruje da se pisanje može naučiti, pomislio sam, da je pesma konstrukcija a priča građevina, neće nikada doznati šta one doista jesu, a ono što *ipak* bude napisao, jer slova se mogu naučiti, kao i reči, kao i gramatika, biće doista konstrukcije, arhitektonske ljušture, kosturi jezika. Nisam više ništa mislio, samo sam dopuštao da me mržnja izjeda, i ponavljao sam „konstrukcije, ljušture, kosturi", sve glasnije i glasnije, dok na kraju nisam počeo da ih uz-

vikujem punim glasom. Sedeo sam u sobi s kompju-
terom i urlao iz sveg grla, izvikujući te tri reči kao da
su delovi političkog programa neke partije. Naravno,
nisam imao ništa protiv studenata, pomislio sam
usred te vike, oni samo rade ono što sistem od njih
očekuje, ali to nisam mogao da prihvatim kao oprav-
danje. Niko ne može, pomislio sam, time da se prav-
da, jer onaj ko to shvata, ko shvata da samo radi ono
što sistem od njega očekuje, mora da prestane da se
povinuje sistemu, ukoliko *doista* to shvata. Vi shvata-
te umetnost, reći ću dekanu, pomislio sam, ili je mož-
da bolje da kažem: književnost, pomislio sam, kao deo
sistema, dakle: kao nužnost, a književnost je sloboda,
sloboda izbora, sloboda odustajanja i sloboda razlike.
Grlo je počelo da me boli i prestao sam da se derem.
Otpio sam nekoliko gutljaja soka od pomorandže. U
podne sam, setio sam se, imao zakazan ručak sa pro-
fesorom političkih nauka. Srce mi je burno udaralo,
znoj mi je prekrio čelo, teško sam disao. Otišao sam
u kupatilo, otvorio slavinu sa hladnom vodom, pustio je
da iscuri, i onda podmetnuo ručne zglobove pod škri-
pavi mlaz. I dok je voda tekla i odnosila jednu vrstu
gneva iz mene, osetio sam, onako nagnut nad nisku ka-
du, kako se u meni budi druga: naime, već sam znao
kako će taj ručak, ručak s profesorom političkih na-
uka, izgledati; nisam znao šta ćemo doista jesti, da li
ćemo uopšte nešto jesti, ali sam zato unapred znao
svako njegovo pitanje, svaki moj odgovor, svaku nje-
govu sarkastičnu primedbu, svaki njegov pokušaj da
me nadmudri, svaku moju smicalicu za uzvraćanje na-
pada i svako moje protivpitanje; znao sam da će mi se
usta sušiti od uzbuđenja, da ću zbog toga popiti pre-
više tečnosti, i da ću se ispod stola, dok ga budem gle-
dao pravo u oči s neskrivenom mržnjom, osećati kao
naduto plastično bure, kao tegla puna otrovnih gaso-
va. Zatvorio sam slavinu i setio se kako je profesor

političkih nauka samo odmahnuo rukom kada je sitna žena, crne kose, profesor sociologije, rekla: „Možda se sve moglo izbeći", premda je to pre zvučalo kao pitanje, ne kao tvrdnja, na koje sam istog časa hteo da odgovorim. „Naravno da se moglo izbeći", hteo sam da kažem, ali onda je profesor političkih nauka odmahnuo rukom i izbrisao moje reči još pre nego što sam uspeo da ih izgovorim. On je bio profesor, on je znao, on je poticao iz hrama nauke, on je jedini imao slobodan pristup u tajnu odaju iza oltara saznanja. Kada on odmahne rukom, svet se zatvara, ili otvara, u zavisnosti u kom smeru se ruka kreće, ali posle tog pokreta, otvaranja ili zatvaranja, svejedno, reči više nisu značile ništa. Ako sam sve to znao, pitao sam se, ne više nagnut nad kadu nego uspravljen pred ogledalom, zašto onda uopšte idem na taj ručak? Zašto ne ostanem kod kuće? Malo sam oklevao dok nisam u sebi uobličio reč „kuća", ali sam je ipak uobličio. Pokušao sam u ogledalu da ponovim profesorov pokret. Mahnuo sam prvo jednom rukom, onda drugom, potom sam mahao i jednom i drugom, gore-dole, levo--desno, kao da želim da poletim. Čelo mi je i dalje bilo pokriveno znojem, jedna kap mi je čak klizila niz obraz, niz desni obraz u ogledalu, dok me je u stvarnosti golicala po levom. Sačekao sam da dođe do ugla mojih usana, onda sam je dohvatio vrhom jezika i polizao. Bila je slana; kao svaka kap znoja, pretpostavljam; nije bilo razloga da se moje razlikuju od ostalih. Prestao sam da mašem i zagledao se u svoja usta. „Ne idem tamo", rekao sam svojim ustima u ogledalu, „da bih mu dokazao da greši, nego da bih sebi dokazao da ne grešim." Nisam bio siguran da je ta tvrdnja tačna ili logički održiva, ali usta u ogledalu su se nasmešila i načas sam ugledao bledocrveni jezik i neravne zube. Uzeo sam manji peškir, onaj u koji su do juče bile zamotane fotografije, i obrisao čelo, usne, obraze, ruke, sve što se moglo obrisati. Nakvasio sam češalj i pažljivo uobličio razdeljak. Izašao sam na stražnja vrata, proverivši prethodno da li su mi ključevi u džepu. Privukao sam vrata, oslušnuo škljocanje brave, prošao kroz dvorište i izašao u šljunkovitu aleju. Sve je bilo tako naglo, pomislio sam, i odlazak i dolazak, pogotovo dolazak, nisam još imao vremena da se saberem, i dalje sam postojao kao niz scena, nevešto povezanih rukom neiskusnog montažera, kao da se moj život raspadao zajedno sa istorijom moje zemlje, moje *bivše* zemlje, morao sam da dodam, i kao da više nisam bio samo jedan čovek, jedno biće, već više ljudi i više bića, tako da sam svaku stvar istovremeno video iz više uglova, u beskraju umnoženih trenutaka, kao što je svaka misao odmah postajala mnogo misli, istih a različitih, dovoljno različitih da me spreče da prihvatim bilo koju od njih, što me je, na kraju, ostavljalo praznog, izmučenog, poput ljušture, poput olupine, odnosno, poput ljuštura, poput olupina, u koje su se svako od tih bića i svaka od tih misli takođe pretvarali. „Ako država ludi", upitao sam profesora političkih nauka dok nam je kelner sipao belo vino, „da li i ljudi moraju da polude?" Profesor je pažljivo sekao meso u istovetne parčiće. „Zar ne mislite", pitao je, „da se taj proces odigrava u suprotnom smeru: da prvo polude ljudi, pa tek onda država?" Nisam bio siguran da smo se razumeli. Nisam, u stvari, bio siguran da on želi da me razume. Izmicala su mi njegova poređenja, metafore u kojima je država čas bila ljudsko telo, čas kraljevska palata, čas carstvo nebesko. Govorio je o suverenitetu kao da je to neko jelo, namaz za hleb, egzotično voće, a odmah zatim, tek što bih u sebi stvorio predstavu oglodane korice ili odbačene ljuske, govorio o nepovredivosti suvereniteta, o nemogućnosti njegovog menjanja. Kada sam pokušao da mu ukažem na očigledne protivrečnosti u njegovim vrednovanjima, rekao je da protivrečnosti nisu njegove već da se istorija zasniva na protivrečnostima, na paradoksu istovremenog postojanja logički neuskladivih elemenata. Svaki istorijski subjekt traži drugu tačku posmatranja, tvrdio je, jer istorija nije jedinstvena celina, tvrdio je, istorija je zbir pojedinačnih istorija, nešto poput velikih crkvenih orgulja, gde svaka cev stoji za sebe, ali nijedna, sama za sebe, ne znači ništa, i njihov smisao se ispunjava tek u zajedništvu. „Nikada nisam voleo orgulje", rekao sam. Profesor političkih nauka se nasmejao. „Istoriju ne zanima ljubav", rekao je kada je obrisao usne. „Istorija je kao čmičak na oku", uzvratio sam. Nisam uopšte znao šta sam hteo da kažem tim poređenjem, ali profesor političkih nauka nije obratio pažnju. Sekao je meso na jednake parčiće i nabijao glavice prokelja na viljušku kao kakav inkvizitor. U međuvremenu, dok smo razgovarali, nije propustio nijednu priliku da me predstavi ljudima koji su prolazili. Sedeli smo u univerzitetskom klubu, u profesorskoj sali za ručavanje, i sve su to bili profesori, dekani, asistenti, docenti i doktori. Rukovao sam se samo s jednim studentom, postdiplomcem, na čijem licu je, avaj, već bio upisan grč i otrov akademske profesije. Ne znam, zapravo, kako sam pojeo taj ručak, neprekidno izlagan znatiželjnim i nezainteresovanim pogledima. Posle svakog upoznavanja, kao i posle svake razmene „misli" sa profesorom političkih nauka, ispijao sam malo tečnosti, prvo belo vino, potom vodu, onda mlaku kafu, na kraju sam zatražio sok od pomorandže, toliko su mi usta bila suva od gneva i uzbuđenja. Kada je profesor političkih nauka upotrebio reč „eksperiment", „vaša zemlja je bila neuspešni eksperiment" bile su njegove reči, pomislio sam da ću se onesvestiti. Samo me je stid od skandala, kao i uvek, uostalom, sprečio da ustanem. „Moja zemlja je bila neuspešni eksperiment", ponovio sam uz odmahivanje glavom i oblizivanje ispucalih usana. Profesor je moje ponavljanje shvatio kao moje slaganje. „Da, da, da“, vikao je i udarao se po butinama, „neuspešni eksperiment“. Možda nije trebalo da se onesvestim, pomislio sam, možda je trebalo da ga raspalim vinskom flašom po čelu, što me je odjednom smirilo. Počeo sam mirnije da dišem, ni usta mi više nisu bila tako suva, čak su mi se usne, osetio sam, razvukle u osmeh. Profesor je moj osmeh shvatio kao dodatno slaganje, naručio novu flašu vina, i počeo da razrađuje svoju teoriju neuspešne države koja, tvrdio je, rađa neuspešne sisteme, neuspešne proizvode i, neminovno, tvrdio je, neuspešne ljude. „Osim malobrojnih izuzetaka“, dodao je, uputivši mi značajan pogled. Svi ostali, tvrdio je dalje, samo su duhovni patuljci, zakržljale osobe koje, ne svojom krivicom, naravno, nisu sposobne da uspevaju, čak ni u slučaju kada se nađu na drugom tlu, u drugoj zemlji. Oni su, jednostavno, tvrdio je, osuđeni na skučenost duha, sve dok, zahvaljujući mešanju i dodavanju, ne stvore novi hibrid, novu vrstu, za koju je postojao samo jedan preduslov: da se oslobode nostalgije. „Nostalgija ubija“, rekao je profesor. „Kada bi kukuruz bio nostalgičan“, rekao je, „nikada ne bi rodio klip bogat zrnevljem.“ Nisam znao šta da kažem. Nikada nisam zamišljao sebe kao klip kukuruza. Usne su već počele da me bole od neprekidnog osmehivanja; pretpostavljao sam da su mi obrazi unakaženi od bora koje su se protezale od nozdrva do brade. Profesor političkih nauka je ispio preostalo vino, pogledao na sat i rekao da mora da pođe na čas. Nadao se da ćemo se opet sastati, nadao se, čak, da ćemo se *družiti* tokom mog boravka, uvek ga je, naime, iznova čudilo kako se u tim neuspešnim zemljama uspevala da stvori *uspešna* kultura, makar ona bila samo zbir izuzetnih pojedinaca, onih koji su izmicali neumitnoj sudbini, što je samo, dodao je, potvrđivalo tu sudbinu, čak i sada, kada je istorija ponovo promešala karte i vratila nas tamo gde smo se nalazili pre početka igre. Ustao je i pružio mi ruku. Kada je otišao, pokupio sam mrve sa stola, kao što uvek radim. Klub je bio prazan, kelneri su raspremali stolove i vraćali vaze sa cvećem, neko je uključio usisivač. Odjednom sam ostao bez vazduha, kao da je usisivač usisavao kiseonik a ne prljavšinu s poda. Opipao sam lice: osmeh je napokon iščezao, ali ne i bore. „Ovde ću ostariti", pomislio sam. Misao mi se učinila poznatom, kao da ju je neko već rekao, nedavno, u mojoj blizini. Osvrnuo sam se i ugledao kelnera. Podigao je obrve, upitno, nadajući se da neću više ništa naručiti. Nisam ništa naručio. Izašao sam, sišao niz stepenice i zatekao se u sali u kojoj su studenti obedovali. Da nisam već bio umoran od razgovora sa profesorom političkih nauka, verovatno ne bih mogao da se pomerim sa mesta, suočen sa takvim mnoštvom, mirisima hrane i vonjom vere u obrazovanje. Ovako sam samo išao između njih, nošen umorom, kao da ne postoje ili, još bolje, kao da ja ne postojim. Sudeći po profesoru političkih nauka, možda nisam ni postojao. Sudeći po istoriji, sigurno nisam postojao. Sudeći po meni, nisam znao. Sve ono što sam do nedavno poznavao kao celinu, sada je predstavljalo tek zbir fragmenata, i ako se sve raspalo, onda sam sa dosta pouzdanosti mogao da zaključim da sam se i sam raspao, da sam zbir pojedinosti koje još samo sumnja ili neodlučnost drže na okupu. Kada sam iskoračio napolje, udahnuo sam vazduh punim plućima. Nebo je bilo plavo, kao da nikada nije drugačije. Jedna devojka je zadigla suknju i sela na bicikl, i na trenutak ugledah plavu venu na unutrašnjoj strani njene butine. Na plavom kombiju, s prozorima prekrivenim čeličnom mrežom, nalik na milicijska vozila iz moje zemlje, pisalo je, belim slovima, „Univerzitetsko obezbeđenje". Naspramna zgrada je takođe bila plava, kao i tri trake na mojim patikama. Ako se uskoro ne pokrenem, pomislio sam, svet će postati jednobojan, lišen svake razlike. Na trenutak, pod blagim jesenjim suncem, ta mogućnost je delovala krajnje privlačno. Razlike, uostalom, samo potvrđuju sličnosti, ništa više. Zatvorio sam oči i setio se devojčice iza ograde. Jasno sam video njeno koleno, bleđe od belih letvi između kojih ga je progurala. Neko u prolazu pomenu zvezde: „Nebo je sinoć bilo puno zvezda." Onda mi neko drugi taknu nadlanicu. Kada sam otvorio oči, ugledao sam dekanovu sekretaricu. U rukama je držala kutiju od žutog stiropora. Upravo je kupila porciju svog omiljenog kineskog jela za ručak, rekla je, i videla me kako stojim pred vratima, zatvorenih očiju, malo nagnut, možda sam se čak i klatio, pa se uplašila, rekla je, da ne padnem. „Izgledalo je kao da ćete pasti", bile su njene reči. Pored ovih studenata, rekla je, možete da pronesete mrtvaca, ne bi se uopšte okrenuli, toliko ih ništa ne zanima, ni ono što uče ni ono što ne uče, tako da se ona ponekad pitala, rekla je, šta uopšte traže ovde. „A onda pomislim da i ne znaju gde se nalaze", rekla je. Hodaju od zgrade do zgrade, rekla je, valjaju se po travi, odlaze u biblioteku i sportske dvorane, a možda, negde u sebi, vide sebe na sasvim drugim mestima, ko zna kojim, rekla je. „Neka od njih mogu da zamislim", rekla je, „ali o većini ne želim ni da mislim." Ne bi želela, naravno, da pretpostavim, rekla je, da ona spada u onu grupu ljudi koji mrze mlade samo zbog toga što godine neumitno prolaze, ili zbog toga što su, dok njihova pokretljivost opada, stalno suočeni sa porastom pokretljivosti mladog sveta, sa brzinom s kojom oni prelaze s mesta na mesto. Ne smemo nikada da zavidimo onome, rekla je, koji će, ranije ili kasnije, postati isti kao mi, pogotovo ne ovim mladićima i devojkama, rekla je i pokazala bradom prema

27

studentima koji su milili duž staze i preko travnjaka. „Ne bih mogla ponovo da izdržim sve te jade zbog bubuljica i prvih seksualnih iskustava", rekla je. Za neke ljude, rekla je, smisao života leži u ponavljanju, a za nju, rekla je, u izbegavanju ponavljanja. Nikada nije mogla da shvati one koji uvek idu istom putanjom, bez obzira na vremenske okolnosti, i onda govore o tome kao o velikom dostignuću, ne primećujući da na taj način iz svojih života eliminišu upravo onu stvar koja životu daje pravi smisao, i koja, u izvesnom smislu, rekla je, doista održava život. „A to je?", pitao sam. Pogledala me je pravo u oči. „Slučajnost", šapnula je. I obrazovanje koje nije slučajnost, koje drugim rečima, nije avantura, rekla je, nije pravo obrazovanje, nego je samo, kao ovde, sistem lišen iznenađenja, tako da već na početku časa znaš kako će se čas završiti. Ona je već dovoljno dugo tu, na univerzitetu, rekla je, i videla je kako se, pod prividom uvođenja raznih sloboda i navodnih jednakosti, guše sve slobode, kako se slobodno mišljenje povlači pred strahom od politički neispravnog mišljenja, kako sistem postaje nedodirljiv, jer ukoliko neko iskoči iz njega, rekla je, on više ne može da se vrati. „Sistem ga odbacuje kao strano telo", bile su njene reči. I onda je otišla. Mogao sam, naravno, ponovo da zatvorim oči, da pokušam da se prisetim bledila devojčicinog kolena, ali vrata su se neprekidno otvarala i zatvarala, reka studenata je postajala sve gušća i pretila da me ponese, ne na svojim talasima, jer njih nije bilo, dekanova sekretarica je bila u pravu, već na dnu svoga taloga, u mulju, pravo u neku od slušaonica, gde bi me neko iskopao i pokazao kao jedan od fosila, okamenjenu školjku ili praznu puževu kućicu. Tako sam pomislio na kuću. Ovoga puta nisam oklevao. Rekao sam u sebi: „Idem kući", nisam se dvoumio, nisam, uostalom, imao nigde drugde da idem. „Idem kući", rekao sam, ovog puta naglas, i krenuo sam, nogu pred nogu, onako kako polaze oni koji sasvim dobro znaju gde se nalaze. Čak sam počeo da pevam, u prvi mah tiho, nije se to razlikovalo od mumlanja, a malo posle, kada sam se našao na nadvožnjaku, iznad autoputa, zapevao sam punim grlom. Nije to bila prava pesma, nije imala ni prave reči, preplitao sam, u stvari, reči iz nekoliko jezika, nastojeći uglavnom da održim ritam, tragajući za neočekivanom rimom, sve dok nisam shvatio da sam, prateći svoje korake, usporio do ritma svečane koračnice, da pevam himnu svoje bivše zemlje. Zastao sam. Osvrnuo sam se. Profesor političkih nauka bi voleo to da čuje, pomislio sam. Jezička pometnja, rekao bi, sasvim je prikladna za pravo stanje stvari, za veštačku skalemeriju koja se održavala samo zahvaljujući toj svečanoj pesmi. Semafori su svetlucali, stubovi sa reklamnim porukama se okretali, oblaci plovili preko neba. Brdo ispred mene, na kraju ulice, ličilo je na veliki, izduženi nos, zabijen u uredne blokove kuća. Neko poludi zbog haosa, pomislio sam, neko zbog geometrije. Neko se raspada, neko se sastavlja. Crveni dlan na semaforu se ugasio i pojavio se zeleni čovečuljak. Ne znam šta sam očekivao, ali bio sam razočaran. Klonuo sam. Sve se udaljavalo od mene, sve se gulilo, sve je otpadalo, i uprkos suncu i toplom vetru, počeo sam da drhtim. Prvo su mi zadrhtali obrazi, potom kolena. Onda sam počeo da trčim. Da sam nastavio da hodam, pomislio sam, srušio bih se. Protrčao sam pored autobuske stanice, pored ograde igrališta, preko raskrsnice, mimo gradilišta, i zaustavio sam se tek kada sam ušao u moje stražnje dvorište. Leđima sam se naslonio na vrata i pokušao da dođem do daha. Duboko sam udahnuo, izbrojao u sebi do osam, polako izdahnuo. Bio sam siguran da me neko posmatra iz moje kuće, ne bih se iznenadio da me je iza svakog prozora vrebao par očiju. Setio sam se šofera i sigurnosti s kojom je, uprkos torbi koju je nosio, prilazio vratima, prednjim, doduše, ali ipak vratima, i to noću, u prvom mraku, smeo, neustrašiv, bez strepnje, bez oklevanja. Nedostajao mi je šofer, priznajem, priznao sam u sebi, možda ne baš tim rečima, možda bez reči, ali osetio sam neku vrstu samopouzdanja čim sam pomislio na njega. Prešao sam preko stražnjeg dvorišta čvrstim korakom vlasnika; nisam se ni osvrnuo na bazen, na lišće u travi, na grmlje i žbunje; samo sam ustrčao uz drvene stepenike gipkim trkom vlasnika, kao onaj koji ih toliko poznaje, da i ne zna da se penje, nego samo pocupkuje, poput dečaka na putu u školu. Otvorio sam zaštitna, staklena vrata, podupro ih kolenom, levom rukom uhvatio okruglu bravu, desnom izvadio ključ iz džepa i gurnuo ga u ključaonicu. Jednostavne stvari su uvek najsloženije, pomislio sam dok sam cimao ključ i vrteo ga levo-desno u nastojanju da otkrijem pravi žleb. Ključ je napokon kliznuo, brava kliknula, vrata se otvorila. Kazaljke na zidnom satu su bile u novom položaju; sve ostalo je bilo onako kako sam ostavio, mogao sam da odahnem. Odahnuo sam. Prišao sam velikom prozoru koji je gledao na ulicu, i neko vreme, zaštićen zavesom, gledao u svim pravcima. Niko nije dolazio ni iz jednog pravca. U jednom času, u kući direktno naspram moje, neko je prošao pored prozora: lepo sam video kako mesnati list filadendrona, oslonjen na okno, podrhtava od tananih vibracija, iako nisam video stvarnu osobu koja je mogla da ih prouzrokuje, čoveka ili ženu ili, možda, psa. Mačka nije mogla da bude toliko teška. Postojali su, naravno, i drugi kućni ljubimci, ali ovako daleko na zapadu i, u isto vreme, na severu, niko ne bi držao aligatore ili zebre. Odmah sam sebe prekorio zbog takve lakomislenosti. Hiljadu puta sam sebi rekao da nikada ne smem da donosim preuranjene zaključke, da je smisao života u njegovoj otvorenosti, i da je samo puko iskustvo, sam doživljaj, dakle, vredno bilo kakve pažnje. Sve ostalo je špekulacija, mislio sam iza zavese, ništa bolja od neke finansijske špekulacije u kojoj, istina, od nestvarnog novca nastaje sasvim stvaran novac, ali koja postoji samo zahvaljujući prevari, iluziji, zloupotrebi reči, i često, poverenja. Ništa od toga nije mi potrebno, mislio sam iza zavese, zaklonjen od pogleda, dok sam istovremeno, uz blago okretanje vrata, nastojao sve da obuhvatim svojim pogledom. „Kao da čučanje iza zavese nije prevara", rekao sam tada u sebi, prekornim i strogim glasom. To što nisam čučao bila je slaba odbrana. „Dobro", pomislio sam, „neću više gledati". Povukao sam se u unutrašnjost sobe, tamo gde su senke već počinjale da budu dublje. „Nijednog trenutka", pomislio sam, „ne smeš da dozvoliš", ali nisam mogao da se setim šta ne smem da dozvolim. Da me drugi ljudi ometaju u radu? Da ja ometam druge ljude? Da praznina u potpunosti zameni punoću, makar najtananiju? Da cveće ne uvene? Da se u uglovima nahvata paučina? Da znoj izjede oba pazuha? „Ovde ću biti srećan", pomislio sam. Znao sam da je neko rekao tu rečenicu, ili bar sličnu rečenicu, ali nisam mogao da odredim gde se to desilo. „Ne", rekao sam naglas, „ovde ću ostariti". Ako ništa drugo, pomislio sam, bar sam počeo da razgovaram sam sa sobom. Pao mi je na pamet profesor političkih nauka. Da nisam već svario ručak koji mi je on platio, pokušao bih da ga povratim. Sedeti tako daleko od svega, mislio sam šćućuren u fotelji, i biti uveren da bolje vidiš od onoga koji sve doživljava na svojoj koži, i još deliti lekcije, popovati i propovedati, iako je u stvarnosti sve drugačije i, najblaže rečeno, nemaš pojma o onome što se doista događa. „Nemaš pojma", viknuo sam prema senkama koje su rasle iz uglova sobe. Onda sam se primirio. Sklonio sam kosu s čela, odvezao pertle i izuo cipele. Stopala su mi utonula u gustu prostirku. Mogao sam da odem u kuhinju, u sobu s kompjuterom, u kupatilo, u spavaću sobu. Uvek me je zbunjivala tako velika sloboda izbora, uvek me je sputavala i vezivala za mesto, uvek sam zavideo onima koje je pokretala, kao i onima koje je nadahnjivala. Čovek je sigurniji, pomislio sam, kada je lišen brojnih mogućnosti, kada ne mora da strepi da će pogrešiti, kada prihvata neminovnosti, a ako postoji neka njegova mana, onda je upravo u tome što nastoji da se svemu tome odupre. Otišao sam, ipak, u kuhinju. Koverat s porukama i dalje je ležao na stolu, okružen mrvicama hleba. Jasno se, takođe, video krug koji je ostavilo dno čaše sa sokom od pomorandže. Seo sam za sto i posmatrao ih, prvo koverat, potom krug, onda koverat i krug zajedno. Da nije bilo soka od pomorandže, odavno bih bio ponovo kod kuće, pomislio sam, ponovo osetivši zahvalnost prema osobi koja nije zaboravila da ga kupi. Da nije bilo koverte, ne znam šta bih uradio: verovatno bismo šofer i ja i dalje bili zajedno, zabrinuti jedan za drugoga, jadikujući nad nesavršenstvom sveta, nad nemarnošću i površnošću, nad nepažnjom kućevlasnika. Izvadio sam uputstva i ponovo počeo da ih čitam. Neke stvari treba tako čitati: rano ujutru, potom popodne, pa uveče, pa u gluvo doba noći. Svaki put reči, iako na izgled iste, kazuju sasvim druge stvari. Ono što je ujutru zabrana, uveče može da deluje kao poziv; oštrina u podne obično otupljuje negde oko ponoći; po naglom buđenju, reči su samo ljuspe i zvone kao prazne kutije od sardina. Tako i sada: ono što sam u prvi mah pročitao kao gnev i upozorenje kućevlasnika, pogotovo odrednice o kućnim mezimcima, sada sam čitao kao dobroćudna uputstva. „Video radi na trećem kanalu“, pisalo je. „Kablovski programi nisu skupi, ali ništa se na njima ne može videti“, pisalo je.

„Antena je na krovu; krov je klizak; antena je zarđala", pisalo je. A onda su se pod mojim prstima razdvojila dva slepljena lista: gotovo sam čuo kako dlačice u tkivu hartije prskaju, kako se kidaju mikroskopske niti hemijskog mastila. „Podrumske prostorije", pisalo je u vrhu poslednje stranice. Osvrnuo sam se: nisam ni znao da kuća ima podrum; možda ću još, pomislio sam, otkriti da ima tavan. Ustao sam, otišao u dnevnu sobu, zavirio u sobu s kompjuterom, u spavaću sobu, u kupatilo, i najzad, u hodniku, zastao ispred vrata koja do tada, uveren da vode u praznu utrobu plakara, nisam ni pokušao da otvorim. Otvorio sam ih i ugledao stepenice. Bilo ih je osam, kako sam kasnije izbrojao, i to ne samo jednom. Pritisnuo sam prekidač: svetlost se razlila stepeništem i osvetlila betonski pod; pritisnuo sam ga ponovo: svetlost je iščezla. Ponovo sam je upalio, onda je ponovo ugasio. Uvek se sve ponavljalo: stepenice, betonski pod, svetlost, mrak. Zatvorio sam vrata i uputio se u kuhinju. Koverat i listovi sa uputstvima su ležali na stolu, tik do okruglog traga koje je ostavilo dno čaše sa sokom od pomorandže. „Podrumske prostorije", pisalo je u vrhu poslednje stranice. „Radionica", pisalo je malo niže. Sledila su uputstva o mašinama za pranje i sušenje veša, o alatu, transformatoru, glodalici, turpijama, testerama i strugu. „Radna prostorija", pisalo je ispod toga. Sledila je sitna ali precizna šema utičnica za kompjuter, modem i printer. „Sobica", pisalo je još niže. I samo: „Ne otvarati." Kada sam pogledao kroz prozor, ugledao sam noć. Odmah sam se svukao i legao. Noć, kada jednom dođe ostaje noć, to sam odavno naučio, nema potrebe za zavaravanjem. Ležao sam na leđima, s rukama prekrštenim ispod glave, i osećao kako plutam na prostoru podrumskih prostorija. Osećao sam, u stvari, neku vrstu nelagodnosti, neodređenu u početku, kasnije jasno uobličenu u stid. U jednom tre-

nutku, bio sam sasvim siguran, užarili su mi se obra-
zi. Prevario me je blagi nagib dvorišta, činjenica da
sam sa ulice, nakon što bih prošao između stabala,
ulazio prvo u kuću, a trebalo je da shvatim – dok sam
stajao pored malog bazena, dok sam se uspinjao uz
drvene stepenice, dok sam osmatrao belu ogradu – da
se ispod poda nalazi još nešto, da nijedan arhitekta, ili
zidar, ne bi propustio priliku da ugradi nešto u usek,
da omeđi prostor koji se nudio, da zagradi prazninu i
uobliči je u prisustvo odsustva. Kuća se hladila, ste-
njala pod vlastitim teretom, svakog časa, pomislio
sam, može da se stropošta sama u sebe, kao kofa u
bunar, kao odjek u klisuru. Takva besmislena po-
ređenja, pomislio sam, može da ima samo čovek koji
više ništa nema. „Osim stida“, rekao sam naglas. Ka-
da sam se probudio, prvo sam pažljivo provirio preko
ruba kreveta. Spustio sam bosa stopala na pod, desno
pa levo, potom se oprezno podigao, oslanjajući se ru-
kama na dušek, povećavajući lagano pritisak, dok se
nisam napokon uspravio u punoj visini i težini. Kora-
čao sam, kako se to obično kaže, kao da hodam po ja-
jima, posrćući preko njihovih oblina, sve do kupatila.
Ako ovako nastavim, pomislio sam, sunce će zaći ka-
da stignem do kuhinje. Bolje bi bilo, pomislio sam, da
se odmah vratim u krevet. I najmanja sigurnost, po-
mislio sam, više vredi od nesigurnosti. Trebalo je to
da zapišem. Oduvek sam zavideo piscima koji su od
ranog jutra počinjali da pišu, zapisujući snove, pre-
pravljajući ono što su prethodnog dana zabeležili, za-
počinjući nove pripovesti, unoseći dnevničke zapise.
Izgužvana posteljina ostavila je na mom licu trag na-
lik posekotini. Protezao se preko desnog obraza, od
vilice do ugla oka, kao rez od sablje. Onda je zazvo-
nio telefon. Profesor političkih nauka je želeo da zna
da li sam prethodne noći gledao poslednje televizij-
ske vesti. Nisam. Da li sam znao, pitao je, da je mo-

joj zemlji postavljen ultimatum, upravo kao što je on predvideo za vreme našeg ručka. Nisam bio siguran na koju zemlju misli. Piljio sam u bosa stopala i mumlao odgovore, uglavnom odrične, kraće od noktiju na mojim nožnim prstima. „Moramo ponovo da se vidimo", rekao je profesor političkih nauka i spustio slušalicu. Pored posečenog obraza, pomislio sam, sada imam i zgnječeno uvo. Ako se ovako nastavi, pomislio sam, neće od mene više ništa ostati. U stvari, pomislio sam, dok sam oblačio pantalone, već u ovom času od mene više ništa ne postoji. „Kao nevidljivi čovek", rekao sam dok sam zakopčavao košulju. Nakvasio sam kosu i pažljivo napravio razdeljak. Napolju je zalajao pas. Za trenutak sam pomislio da to laje devojčica, da traži način kako da me izmami napolje, da se već oslanja na ogradu, možda u pantalinicama, možda u šorcu, širom raširenih očiju, bledih obraza, prćastog nosa. Pas je ponovo zalajao, potom počeo da reži, kao da priča sam za sebe. Kosa mi se brzo sušila, i kada sam stigao u kuhinju, morao sam da je sklonim s čela. Nasuo sam punu čašu soka od pomorandže i popio je naiskap, pridržavajući se za ručku od frižidera. Ako sada odem u podrum, pomislio sam, nikada više neću iz njega izaći. Pokušao sam vrhovima prstiju da opipam trag razdeljka, ali nisam mogao da ga pronađem. Izgubio se, kao svaka granica, pogotovo granice moje zemlje, pomislio sam. To bi, nisam sumnjao, svakako obradovalo profesora političkih nauka; on bi u tome, nisam sumnjao, pronašao sasvim prikladnu metaforu. Spustio sam čašu na sto, ali ručku frižidera nisam puštao. Uskoro ću, pomislio sam, morati uvek za nešto da se držim, kao brod za sidro ili balon za džak s peskom. „Odleteću", rekao sam naglas, premda sam u sebi imao druge slike: kamen, ciglu, gvozdenu šipku i crep. Praznina nije uvek laka, pomislio sam, šupljina nije uvek odsustvo. Nekada bih posle takvih misli trčao do pisaćeg stola ili do najbli-žeg lista papira, i zapisivao ih. Sada sam samo pustio ručku frižidera i uhvatio se za naslon najbliže stolice. Stopala nisam pomerio, tako da sam stajao pomalo is-krivljen, gledajući kako mi prsti blede, kako se vene nadimaju. Kada bi sada zazvonio telefon, pomislio sam, srušio bih se. Pas je ponovo počeo da laje. Ogla-šavao se kratkim, isprekidanim lavežom, kao da je zadihan. Nazvao sam ga Fredi. Uvek sam pse nazivao Fredi, bez obzira kako su izgledali. Čak i kada nisam mogao da ih vidim, kada bi lajali ili kevtali iza zida ili kapije, pa i sada, dok sam stajao razapet između leb-denja i tonjenja, nazivao sam ih Fredi. Jedino bih im možda u podrumu, ukoliko lavež može da dopre do podruma, nadenuo neko drugo ime. Pokušao sam da provirim preko levog ramena, da osmotrim ona tajna vrata, ruka mi je skliznula, noga izgubila oslonac, do-takao sam pod prvo levim kolenom, potom desnim la-ktom, nos mi je načas zapeo za rub stola, stolica se prevrnula, čaša zazvečala. Nisam tonuo, nisam leb-deo. Klečao sam na patosu, a iz desne nozdrve kapa-la mi je krv. Tačno sam znao šta bi rekao profesor po-litičkih nauka. Rekao bi: „Najzad ste i vi prokrvarili za svojom zemljom." Ušmrknuo sam krv i osetio je na jeziku, u ustima. Sve ovo predugo traje, pomislio sam. Trebalo je još odavno da budem u supermarke-tu, da guram kolica i punim ih prehrambenim artikli-ma, deterdžentima i sapunima, pastama za zube i ci-pele, kafom, čajem i medom. Ovde sam tek tri dana, pomislio sam, a već se ponašam kao da se spremam za odlazak, kao da mi više ništa nije potrebno. Morao sam da se uozbiljim, trebalo je da dovedem sebe u red, morao sam da pronađem ritam. Nikada nisam na-učio da budem strpljiv, pomislio sam, da dopuštam rečenicama da same nalaze svoj kraj u stogovima je-zika. Uvek sam trčao, uvek sam se zaletao, uvek sam podizao noge visoko, kao da gacam po blatu ili trčim po pesku. Uspravio sam se, udahnuo vazduh, opipao nos. Krv je prestala da curi, premda sam kasnije, u supermarketu, dok sam se naginjao nad otvoreni frižider s mlečnim proizvodima, osetio da će ponovo poteći. Naglo sam podigao glavu. Zatvorio sam oči i prstima stisnuo nozdrve. Ništa se nije desilo. Otvorio sam oči, razmakao prste, pružio ruku prema jogurtu i mladom siru. Imao sam osećaj da napolju pada noć, toliko je svetlo u supermarketu bilo izveštačeno, ali kada sam izašao, držeći po dve kese u svakoj ruci, video sam tek blage nagoveštaje večeri na istočnoj strani neba, senke mraka na oblacima i niskom zvoniku, tupe obrise brda i prvi blesak farova na putu koji je, u blagom nagibu, bio urezan u njegov bok. Međutim, kada sam stigao do kuće, već je bila noć. Kao da se negde prekinula uzica i zavesa se, u obliku prašine, spustila do bine. U susednoj kući gorela su sva svetla; u naspramnoj kući vladao je potpuni mrak. Narednog jutra, u susednoj kući je vladala tišina, dok je naspramna kuća bila prepuna kretanja. Vrata su se otvarala i zatvarala, automobili dolazili i odlazili, iz njih su izletala deca i žene, starica sa štapom i starac sa crnim naočarima, neko je čak nosio mačku u naručju. Prvi put po dolasku osećao sam se odmornim. Noć sam prespavao poput klade, s glavom pored jastuka, s rukama na pokrivaču. Popio sam kafu, obrijao se, zalepio parče toalet-papira na posekotinu na vratu. Ako sam sve do sada silazio, pomislio sam, upravo sam počeo da se penjem. Mogao sam, naravno, da zamislim bezbroj mogućnosti za preokret: da sednem da pišem, na primer, da kupim novine, da zalijem baštu, da napravim spisak svih mogućnosti za preokret. Ništa od toga nisam uradio. Dva ili tri puta prošetao sam hodnikom, ne zaustavljajući se pred vratima koja su vodila u podrum, jednom sam spustio ruku na njihovu tamnu bravu, jednom sam podigao savijeni kažiprst kao da ću zakucati, jednom sam gotovo prislonio uvo, desno, na drvenu ploču koja mi se, iz te blizine, učinila iskrivljenom. Otišao sam u kuhinju, otvorio frižider, izvadio sir i male jevrejske đevreke, nasuo sok od pomorandže. „Ovde ću ostariti", pomislio sam, tako: pod znacima navoda, kao da se prisećam neke stare, dražesne misli, ne moje već tuđe. Ništa, uostalom, nije tu bilo moje. Vreva je rasla u naspramnoj kući, kako se to već zbiva kada se neko ženi, ili udaje, ili kada je neko mrtav. Onda je naišao beli kamion za đubre, i vozač je pritiskao sirenu sve dok se tek prispeli automobil nije uklonio. Na jednom od prozora naspramne kuće pojavila se starica, ona koja je nosila štap; starac sa crnim naočarima je otvorio vrata; mačka je otrčala do drveta na kojem su visile kućice za ptice. Sunce je već bilo visoko na nebu, premda nekako iskošeno, ne kao kod nas, „u mojoj zemlji", pomislio sam pod znacima navoda, verovatno zbog toga što se grad nalazio tako daleko na severu, tako blizu snežnog belila. Prekorio sam sebe zbog nesigurnosti, mrzeo sam sebe zbog neznanja. Niko me nije na to upozorio, pomislio sam. Pokušao sam da se prisetim razgovora sa šoferom. Nisam uspeo. Pokušao sam da se prisetim razgovora sa dekanovom sekretaricom. Nisam uspeo. Setio sam se samo mrvice hleba na njenoj gornjoj usni, smeđe mrvice tik iznad ispucalog karmina, koja se pomerala u skladu sa njenim rečima. Gledao sam je i čekao da padne. Kada je otpala, uspeo sam da je pratim do njenog struka; onda se izgubila naspram sive suknje. Načas sam pomislio da čujem kako udara o betonsku ploču, ali sekretarica je govorila, studenti su govorili, ceo univerzitet je bio jedan ogroman govor, more od reči, more napora da jezik dobije smisao, iako je pritom najviše gubio, jer se neprekidno trošio, neprekidno istanjivao u ponavljanjima, u ispraznostima, u uvek istim izrazima i uzvicima. Bilo kako bilo, ništa nisam čuo, odnosno, ukoliko sam nešto ipak čuo, nisam bio siguran da čujem, ne u tom zamoru, ne u tom metežu, u tom potiranju svakog zvuka. Kao što ni sada nisam bio siguran, dok sam osluškivao, jer to je jedini pravi naziv za prisećanje, da nešto, ipak, čujem. Nisam ništa čuo, a sunce je tonulo kao što sam bio predvideo, sunovraćivalo se iza planina, ostavljajući sve tanju liniju svetla na horizontu. Ponovo sam prišao vratima koja su vodila u podrum. Prethodno su se u naspramnoj kući upalila sva svetla; potom su se, jedno po jedno, ugasila. Ostao je još samo jedan automobil, tamnoplav ili siv, nisam mogao da budem siguran u mraku. Dodirnuo sam bravu, omirisao drvo. Kada sam legao, miris je i dalje počivao u mojim nozdrvama. Suv miris, tup, ukoliko miris može da bude suv i tup, nekako dalek i nejasan, kao da su se nekada, davno, ta vrata nalazila negde drugde, na ulazu u ostavu ili sušaru. Zamislio sam prostoriju prepunu kobasica i suvih rebara. Kada sam se probudio, stomak me je boleo od gladi. Više nikada neću moći da ustanem, pomislio sam dok sam ustajao. Raspored mojih obaveza bio je neumoljiv: u deset je trebalo da govorim studentima engleske književnosti, u dva sam imao neformalan skup sa predstavnicima etničkih studentskih grupa, u pola pet sam bio pozvan na predavanje o federalizmu, u šest je bila zakazana projekcija filma o zbivanjima u mojoj zemlji. Očekivalo se, pisalo je sitnijim slovima, da nešto kažem. Pomislio sam da bi najbolje bilo da se zatvorim u frižider i izađem kada se sve to završi. Prošao sam pored podrumskih vrata praveći se da ih ne primećujem. Naspramna kuća je bila mirna; u susednom dvorištu sušio se veš; u suvom bazenčiću čučala je svraka. Studenti su bili nezainteresovani. Dok sam govorio, kapci su im se zatvarali, glave tonule na grudi, pogledi se usmeravali prema prozorima. Jedna devojka je doista zaspala. Jedan mladić je neprekidno zevao. Kada sam završio, niko nije rekao ni reč. Profesor je pokušao da ih podstakne. „Ovo je idealna prilika", rekao je, „da doznamo nešto o svetu koji nam izmiče." Mladić koji je zevao ponovo je zevnuo; onda je podigao ruku. „Kako se", pitao je, „ono što se događa u vašoj zemlji odražava na vaše pisanje?" „Interesantno pitanje", rekao je profesor. Nisam ni pokušao da sakrijem mržnju u svom glasu. „Svaki čovek je svoja zemlja", rekao sam, „i shodno tome, moje pisanje nije pretrpelo ni najmanju izmenu". „Nisam mislio na vas", rekao je student, „nego na vašu zemlju." „O kojoj zemlji je reč?", upitao sam. Studenti su počeli da se smeju, neki su čak udarali šakama po klupama. „Interesantan odgovor", rekao je profesor. Zajedno smo izašli iz učionice. Hodnici su bili puni studenata; svaki od njih, i mladići i devojke, nosio je mali ranac, obešen o desno ili levo rame. „Morate da ih razumete", govorio je profesor, „stari svet je mrtav za sve njih, Evropa još samo nama nešto znači." Nasmešio se, stidljivo, poput udavače. „Ovo je novi svet", rekao je, „ovde niko nema razumevanje za oklevanje. U Evropi", rekao je, „vazduh se diše, a ovde se vazduh jede. U Evropi", rekao je, „živi se jedan život, a ovde se svako menja i svako, za vreme jednog života, proživi najmanje četiri. Kada se Evropa raspada", rekao je, „ljudi hodaju kao muve bez glave, a ovde, ako se nešto ikada raspadne, samo promene masku. U Evropi", rekao je, „samoća je oblik izgnanstva, a ovde je način života." Stigli smo u veliku trpezariju u kojoj je stotinak studenata istovremeno jelo i pričalo. Iz jedne od bočnih prostorija dopirao je glasan zvuk električne bas gitare. Stakla su podrhtavala i masne vibracije su se zabadale u stomak. „Niko odavde ne izlazi živ", rekao je profesor i široko zamahnuo rukom. Jeo je kinesku hranu. Kasnije, uveče, posle filma, pokušao sam da ponovim njegov pokret. Stajao sam ispred crkve, preko puta tržnog centra, podizao i spuštao ruku. „Bog je ovde", pisalo je na drvenoj tabli, crnim slovima, samo je tačka na kraju rečenice bila crvena. Disao sam punim plućima. Da sam još malo ostao na univerzitetu, pomislio sam, pretvorio bih se u grumen posnog sira. Po završetku projekcije, kada su se upalila svetla, izašao sam na binu i zatražio čašu vode. „Gospodine", rekao je jedan student, „zar ne mislite da vaš zahtev, na simboličnoj ravni, kazuje isto što i film koji smo upravo videli?" Nisam bio siguran da sam razumeo pitanje. Škiljio sam pod svetlošću reflektora i vrhovima prstiju doticao vrh nosa. Voditelj je rekao da stvarnost ne trpi simbole i da u našem vremenu ne postoje magijski obredi koji mogu da povrate ono čega više nema. Zatražio sam još jednu čašu vode. Potom je jedna mlada žena rekla da sada, na kraju veka, ne smemo da dozvolimo da nasleđe Drugog svetskog rata, pogotovo nasleđe grešaka počinjenih odmah nakon rata, kada su ljudi i celi narodi premeštani po volji pobednika, postane jedina važeća metodologija. „Ako već ne možemo da vratimo istoriju", rekla je, „onda moramo sve da učinimo da ne dozvolimo da se ona ponovi." Sela je i prekrstila noge. Taj pokret nisam mogao da ponovim, ne pred crkvom i svakako ne stojeći, još manje pred Bogom koji je, sudeći po natpisu, bio u blizini. Žena me je sačekala na izlazu iz dvorane. Očekivala je, rekla je, da ću otvoreno osuditi zloupotrebu vlasti u mojoj zemlji, premda se sada pitala, rekla je, da nije prekasno za bilo kakvu nadu, pogotovo u zemlji, rekla je, koja nadu nalazi u obnovi istorijskog pamćenja kao jedinog relativnog merila. Istorija je mrtva, rekla je, i ono što se događa u toj zemlji, rekla je, odigrava se, u stvari, u prošlosti, u filmu iz kinoteke, u predstavi koju više niko ne želi da gleda. U tom trenutku pomislio sam na podrum kuće u kojoj sam živeo. Jasno sam video vrata, kvaku, stepenice i prekidač. Žena je podigla kažiprst i nasmešila se. Problem sa svima vama, rekla je, jeste u tome što verujete da se istorija može ispraviti, da se može popraviti kao stara mašina, da je dovoljno zameniti jedan deo i da će, nakon toga, celina opet raditi, kao nekad, a ne shvatate da ste jedino majstori, ukoliko ste uopšte majstori, u samozavaravanju, u pravljenju beskrajnog niza zastora koji vaš horizont svode na segment, na krišku ništa veću od režnja mandarine. Nikad nisam mogao da mrzim osobe koje su u stanju da izgovore tako duge rečenice. Tada još nisam mislio na onaj kratak tren u kojem je prekrstila noge, još se nije bila pretvorila u detalj, u prisutnost fragmenta, već je stajala preda mnom kao celina, kao neko ko računa na prolaznost vremena, na prostorne i duhovne koordinate, na povezanost prošlosti i budućnosti, ali čim sam počeo da se udaljavam, pravdajući se umorom, što i nije bilo daleko od istine, jezičkim razlikama i opštom nesposobnošću reči da precizno izraze ono što nam je na umu, na šta je ona klimnula glavom i napućila usne, dakle, čim sam počeo da se udaljavam, sve je to počelo da otpada s nje, deo po deo, sloj po sloj, ne ostavljajući je nagom u doslovnom smislu, već je svodeći na sve manju celinu, na sve veći fragment, sve dok u meni nije ostalo ništa drugo osim prekrštenih nogu, premda ne, kako sam utvrdio dok sam stajao pred crkvom, u obliku bilo kakve grafičke predstave, nego u obliku glagola, samog kretanja, izvršene namere, bez bilo kakve poruke, bez pouke, bez nagoveštaja. Noga je prešla preko noge, i to je bilo sve. Verovatno to ne bih nikome uspeo da objasnim pred crkvom, još manje u tržnom centru, ponajmanje staroj Kineskinji koja je čekala autobus u malom skloništu, načinjenom od providnih plastičnih ploča. Brdo na kraju ulice pretvorilo se u zgusnuto crnilo. Ako uskoro ne budem krenuo, pomislio sam, samo tako, ništa više, gotovo kao da sam sebi pretim. Kada sam izlazio iz visoke univerzitetske zgrade, mržnja je visila na meni kao topla odeća; dok sam se udaljavao, otpadala je s mene, pretvarala se u naslage krpa i poderotina. U mraku, već nadomak kuće, osećao sam da sam ponovo nag. U stražnjem dvorištu, kada sam za sobom zatvorio vrata od belih pritki, podrhtavao sam od hladnoće. U krevetu nisam mogao da se zagrejem. Ustao sam, skinuo termofor sa kukice u kuhinjskom plakaru, napunio ga vrućom vodom i stavio ga ispod nogu. Kada sam se probudio, držao sam ga, hladnog, u naručju. Treptao sam, piljio u plafon, i osluškivao kako, u skladu s mojim udisajima i izdisajima, voda u njemu klokoće. Ta noć se po nečemu, pomislio sam, razlikovala od ostalih, kao što se noć Pesaha razlikovala od svih ostalih noći, ali ako sam tada umeo da nabrojim četiri neophodna odgovora, sada sam samo ponavljao pitanje. U redu, rekao sam naglas, pitanje je nekad najbolji odgovor. Voda je bućnula u termoforu. „Veština je samo u tome", rekao sam naglas, „da promenimo intonaciju, da siđemo niz glas umesto što se njime uspinjemo". Misao o silasku podsetila me je na podrum. Misao o podrumu podsetila me je na prve priče o vazdušnim napadima, o ljudima koji su pucali po parkovima, klečeći iza klupa i ukrasnog šiblja. Misao o šiblju podsetila me je da svaki dečak uživa da nosi prut, što tanji, što savitljiviji, kako bi sve oštrije fijukao kroz vazduh. Vazduh me nije podsetio ni na šta. Ležao sam u krevetu i stiskao termofor, zastrašen odjednom od mogućnosti da vidim svoj odraz u ogledalu, da shvatim da u krevetu, umesto jednog, leži nekoliko ljudi. Glava uz glavu, sve na istom, malom jastuku. Zatvorio sam oči. Kada sam ih ponovo otvorio, termofor je, kako to već stvari umeju da ura- de, iskliznuo iz mog zagrljaja i pao na pod pored kre- veta. Ustao sam. U kupatilu, na kartonskoj kutiji sa pa- pirnim maramicama, pisalo je „Ovde ću ostariti", štampanim slovima, latinicom, sa uskličnikom na kra- ju, koji je neko naknadno precrtao. U kuhinji, već to- ploj od sunca, otvorio sam novu flašu soka od pomo- randže, i dok sam, naslonjen na sudoperu, leđima prema prozoru, ispijao prvu čašu, začuo sam korake na drvenim stepenicama. Okrenuo sam se. Žena na drugoj strani okna se nasmešila, mahnula, potom po- pravila kragnu na bluzi. Nadala se, rekla je kada sam otvorio vrata, da me nije preplašila, ne bi nikada bila toliko slobodna da nije pretpostavila da nekoga ima u kući, u susednoj kući, naglasila je, i da se ne nalazi u neugodnoj situaciji. „Ja sam, rekla je, „majka devoj- čice čiji su krici, uverena sam, sigurno doprli do vas iz našeg dvorišta." „Nisam čuo nikakve krike", rekao sam. „Onda ćete ih čuti", rekla je žena. Držala je za- štitna vrata, koja su se otvarala prema tremu, dok sam ja držao dvorišna vrata, koja su se otvarala prema ku- hinji, i tako smo stajali, razdvojeni pragom. Njena ko- la, rekla je, nisu htela da upale, što joj se već često do- gađalo, jednom ili dva puta mesečno, najmanje, ako ne i više, i bezbroj puta se već zaricala da će ih odve- sti kod automehaničara, ali uvek se pojavljivalo nešto drugo, ne bi želela da pomislim da je, rekla je, osoba koja ne drži zadatu reč, ali uvek se pojavljivalo nešto što je, u datom trenutku, delovalo značajnije, što je već u nekoliko navrata objasnila vlasniku kuće u ko- joj sam stanovao, i koji je uvek bio spreman da joj po- mogne i, što je najvažnije, da joj posudi punjač aku- mulatora ili da akumulator svojih kola, u trenucima stvarne nužde, spoji s njenim. Dotakao sam prag le- vim stopalom. „Nemam kola", rekao sam, i nisam, naglasio sam, imao nikakve predstave gde se punjač

44

nalazi. „Stranac sam", dodao sam, kao da su te tri stvari: kola, punjač akumulatora i stranac, nužno povezane. Ona je znala. Prekoračila je prag i pomenula podrum. Kada se, malo kasnije, vratila sa punjačem u desnoj a gajtanom u levoj ruci, i dalje sam stajao pored vrata, samo što sam prag doticao desnim stopalom. „Ne morate da brinete", rekla je, „i ja sam stranac." Klimnuo sam glavom i čvršće stisnuo kvaku. „Na neki način", rekla je, „svi smo stranci u ovoj zemlji." Tada je već ponovo bila na tremu. „Ponekad verujem", rekla je, „da ova zemlja uopšte ne postoji, da smo je svi zajedno izmislili, i da će jednom morati da dođe trenutak kada ćemo uvideti da živimo u praznini." Pustila je zaštitna vrata, koja je do tada pridržavala ramenom, i staklo se ponovo našlo između nas. Zatvorio sam ulazna vrata. Ruke su mi podrhtavale, graške znoja su mi izbijale na čelu i između pramenova kose, i kada sam pokušao da uzmem čašu sa sokom od pomorandže, iskliznula mi je između prstiju. Uhvatio sam je drugom rukom, i žućkasta tečnost, prvo hladna a odmah potom lepljiva, prekrila mi je zglob i nadlanicu. Vrata koja su vodila u podrum su bila otvorena, sijalica je gorela i obasjavala stepenište, uvlačeći se u radionicu u kojoj je, sudeći po svetlosti i senkama, gorela još jedna sijalica. Na najnižem stepeniku ležao je zgužvani papirić. Ovako se svet raspada, pomislio sam, premda nisam bio siguran na koji svet mislim. Sigurno ne na onaj, daleko odavde, koji se već raspao, koji više ništa nije moglo da sastavi. Zakoračio sam na prvi stepenik, onda na drugi, daske su škripnule, sve je ovde bilo sastavljeno od dasaka koje su škripale, i privukao za sobom vrata. „Tvoja nevolja", rekao sam naglas, „jeste u tome što nikome ne veruješ, ponajmanje sebi." Glas je odjeknuo kao da sam se spustio u turski lagum ili u rimski bunar. Možda žena i dalje stoji na tremu, pomislio sam, sa

45

punjačem i gajtanom u rukama, neodlučna, nesigurna da nije, možda, pogrešila. U vazduhu je lebdeo tanušni trag njenog mirisa. I narednog dana, kada sam ponovo sišao u podrum, miris je i dalje lelujao svugde oko mene, kao da je tu više pripadao, kao da je to bilo njegovo pravo mesto. Bez obzira gde se nalazila, pomislio sam dok sam stajao na stepenicama, ostala je, bar jednim delom, u podrumu. Zamislio sam kako u susednoj kući priča devojčici kako je susrela pravog stranca, a devojčica je sluša i širi oči. Nastavio sam da brojim stepenice. Izbrojao sam osam; onda sam stupio na beton. Ragastov bez vrata je vodio u radionicu, levo se širila „radna prostorija", nigde nisam video sobicu, bar ne sa mesta na kojem sam se nalazio. Neonska cev je žmirnula negde u dubini radionice, i senke su odmah počele da skakuću. Turpije su se izdužile pa skupile, sa testera je pobegao tupi odblesak. Pronašao sam prekidač i pritisnuo ga. Radionica se zavila u mrak, dok je „radnu prostoriju" obasjala oskudna dnevna svetlost koja se probijala kroz mutno staklo na omanjem prozoru. Ne bih mogao da podnesem više nijednu tajnu, pomislio sam, pogotovo ne još jednu sakrivena vrata. Ovde sam zbog prozirnosti, pomislio sam, a ne zbog zasenčenja. Zamršene šare na mutnom oknu poticale su, pretpostavio sam, od šiblja koje je raslo pored kuće, duž bočne strane pored koje, upravo zbog šiblja, nisam ni pokušao da prođem. Došao sam u svet, pomislio sam, a evo me gde čučim u podrumu poput odbačene lutke. Onda sam ugledao vrata. Vodila su, u stvari, u prostor ispod stepenica, zagrađen panel pločama koje su se, krivudavo isečene pri vrhu, potpuno uklapale u rub stepeništa. Nisu to bila prava vrata, kao što ni zid nije bio pravi zid. Nisu čak ni imala bravu, nego malu šipku koja se uvlačila u dva metalna prstena. Kada sam je povukao, nije ni pokušala da se odupre. Iskliznula je iz prvog prstena, potom iz drugog, onda su se vrata otvorila i nešto je iz mraka „sobice" krenulo prema meni. Odskočio sam unazad, naleteo na stolicu i prevrnuo je. U pravougaonom otvoru klatio se metalni gajtan, sastavljen od potamnelih loptica, pomoću kojeg se, potezanjem, palila sijalica. Prišao sam i povukao ga. Prostor ispod stepenica, „sobica", bio je ispunjen policama na kojima su ležale fascikle, kutije s nalepnicama koje su odavale njihovu sadržinu, atlasi i sveske, i mnogobrojne rolne. Neke su bile uvezane trakama raznih boja, druge su se svijale oko uglačanih letvica, pojedine su imale iskrzane ivice, mada je bilo i onih za koje sam, sudeći po kvalitetu navoja, mogao da pretpostavim da su sasvim nove. Ponovo sam povukao metalni gajtan i sijalica se ugasila. Negde iznad mene zazvonio je telefon. Zatvorio sam vrata, gurnuo šipku u prstenove, ispravio stolicu, poravnao prostirku. „Imam nešto za vas", rekao je profesor političkih nauka kada sam podigao slušalicu. Nije se moglo reći da je to iznenađenje u pravom smislu reči, rekao je, premda on voli da iznenadi ljude, ali nije sumnjao, rekao je, da će me to što je imao, što je namenio meni istog časa kada je to ugledao, doista zanimati. Nije krio, rekao je, da voli da stvara znatiželju kod ljudi, onu vrstu slatkog iščekivanja koje, zahvaljujući njegovoj umešnosti da odabere pravu stvar, rekao je, mora da se ostvari. Nije imao vremena za ručak, ali mogli smo da se sretnemo rano popodne, u tri, u njegovoj kancelariji. Spustio sam slušalicu. Sama pomisao da treba ponovo da posetim univerzitet, da prođem između mladića i devojaka na čijim licima, osim bubuljica, nije ništa postojalo, činila je da mi noge otežaju. Seo sam u fotelju i zatvorio oči. Ako se prethodna noć na bilo koji način razlikovala od prethodnih, pomislio sam, onda je ovaj dan pretio da nadmaši sve ostale dane. Uvek mislim u pogodbenim rečenicama, pomislio sam, uvek postavljam uslove na koje ne mogu da odgovorim. Poput Kafke, pomislio sam, kome je dan propadao ukoliko bi sobarica pre vremena kročila u sobu. Pokušao sam da zamislim tu sobaricu, ali video sam samo ženu iz susedne kuće, gledao sam kako prolazi pored mene, kao pored mora koje se iznenada otvorilo i potom se, nakon što se ona našla na sigurnom uzvišenju, obrušilo. Plutao sam poput alge, dok je ona stajala na suvom, na drvenom tremu, ramenom pridržavajući zaštitna vrata. Ispružio sam noge, onda ih ponovo savio, i zglobovi su suvo kvrcnuli, kao što sam očekivao. Napolju, vazduh je bio takođe suv, ništa nije vredeo potop u mojoj duši, nikakva vlaga nije nudila olakšanje. „Ovde ću ostariti", pomislio sam ponovo, na isti onaj način na koji se neko priseća refrena popularne pesme, čak i kada ne zna nastavak ili izvođača. „Ha", rekao je profesor političkih nauka kada sam zastao na ulazu u njegovu kancelariju. To je tačnost, rekao je, koja se ne očekuje od ljudi iz mojih krajeva, ali s obzirom da sam poticao iz graničnih delova, smatrao je, verovatno sam u sebi ukrstio različite osobine, potirući karakteristične a naglašavajući neuobičajene. Ono što je trebalo da me iznenadi bila je knjiga. Gurao ju je prema meni preko svog radnog stola, istovremeno je pokrivajući i dlanom. „Ne tako brzo", rekao je kada sam pružio ruku. Podigao je dlan. *Istorijski atlas Srednje i Istočne Evrope* pisalo je na koricama. „Ovde je", rekao je profesor političkih nauka i kucnuo savijenim kažiprstom po knjizi, „zapis vašeg usuda, središte iz kojeg sve izlazi i u koje sve uvire." Ništa nisam rekao. „Najbolja knjiga o duhovima koju sam čitao", nastavio je profesor, „knjiga o avetinjskim narodima koji ni posle hiljadu i više godina ne uspevaju da se smire, neprekidno lutajući prostorima koje su odavno pretvorili u groblja, u naseobine mrtvih, uvereni da je samo svet s one strane sveta pravi svet, da je prozirnost prava punoća, i da su granice samo puke izmišljotine." Odmahnuo je glavom, zastao, onda nastavio sve brže da odmahuje. Otvorio je knjigu na mestu obeleženim belim papirom. „Ako su moje računice tačne", rekao je, „nijedna granica nije ovde trajala pedeset godina, ne računajući one koje su nametnute prirodnim preprekama. U toku samo jednog veka svako mesto je postajalo nekoliko mesta, nijedan jezik nije posedovao čvrstinu, ljudi su uveče legali ne znajući gde će se narednog jutra probuditi. Ukoliko u prirodi postoji nešto što je haos, onda se to ovde nalazi. Nigde drugde. I širi se kao zaraza, kao neizlečiva bolest. Samo što vi to ne znate, jer se nalazite u središtu i mislite da mirujete, da se sve događa drugima." Glas mu je postepeno dobijao na jačini, lice mu se zacrvenelo, šake skupile u pesnice. Ako tako nastavi, pomislio sam, stropoštaće se sa stolice. Profesor političkih nauka je duboko udahnuo vazduh. „Uzmite to", rekao je i gurnuo knjigu prema meni. Knjiga je kliznula preko ivice stola i pala mi u krilo. Dohvatio sam je s dva prsta leve ruke, kao da je pegla ili vruć crep. „Padalo mi je na pamet", rekao je profesor, „da je pocepam, ali da li bi to nešto izmenilo?" Pogledali smo se. Lice mu je sada bilo bledo, oči upale, kosa razbarušena, usne ispucale, i znao sam da se boji. Nisam znao čega se plaši, i dalje sam držao knjigu samo s dva prsta dok mi je um bio beskrajno čist i smiren. Pomislio sam na jezero, pomislio sam na ogledalo. Ništa od toga nije moglo da mi koristi. „Ponekad pomislim da ste vi svi tamo već odavno mrtvi", rekao je profesor, „to još jedino uspeva da me smiri." Sada je mržnja bila u njegovom glasu, isto onako kao što je prethodnih dana bila u mom. „Živi ponekad zavide mrtvima", rekao sam. Profesor političkih nauka je potpuno klonuo. Visio je u stolici kao krpeni lutak, samo mu je levi donji kapak podrhtavao i trzao se kao da ga vuče nevidljivi konac. Ustao sam. Reči više nisu bile potrebne. Pomislio sam da mu spustim ruku na rame, čak sam je i podigao, desnu ruku, a onda sam se predomislio i izašao, ne spustivši je ni u hodniku, sve do lifta. U liftu više nisam bio jezero, premda nisam bio siguran za ogledalo. Za svaki slučaj, držao sam atlas pred sobom kao da je štit. Dok smo se spuštali prema prizemlju, slušao sam dva studenta kako razmenjuju bombaste fraze o kraju istorije. Ružičasti plakat iza njihovih leđa pozivao je na razgovor o političkoj korektnosti feminizma. Drugi plakat, zalepljen pored dugmadi sa brojevima spratova, upozoravao je na nejednakosti u zapošljavanju žena, manjinskih grupa i domorodaca. U stvari, ceo univerzitet je bio izlepljenim plakatima i lecima, i dok sam prolazio hodnicima, lepršali su sa oglasnih tabli, nošeni strujom vazduha, žurbom tela. Univerzitetski kompleks je bio gotovo pust. Na brdašcu, pored metalne skulpture, dva studenta su se dobacivala frizbijem. Jedna devojka je, naslonjena na golo drvo, podizala lice prema suncu. Crvendać je čučao na travi. Uprkos tome, vazduh je bio zagušljiv, tvrd, morao sam da se probijam kroz njega, strepeći sve vreme da ću jednom morati da stanem, da neću moći dalje, da ću zauvek ostati tu, sputan, među onima koji veruju da znanje nije savladavanje neznanja, već potvrđivanje nečije želje da je nešto onako kako on veruje da jeste. Svet se ne osvaja, pomislio sam da oni misle, svet je već dat i samo ga treba uzeti. Mrzeo sam samu pomisao na takvu pomisao. Mrzeo sam spremnost mladih ljudi da veruju, da odbace individualnost koja proističe iz izazova saznanja i prihvate mrtve apstrakcije koje im profesori nude, i koje nisu bile ništa drugo do banalnosti zaogrnute u privid dubokoumnosti. Onda sam ugledao brdo i osetio mir.

50

Nije to bio isti jezerski spokoj kao u kancelariji profesora političkih nauka, ali mogao sam lakše da hodam, da se uspravim i stavim atlas pod pazuho. Čak sam počeo da zviždim. Zviždao sam sve do nadvožnjaka, a tu sam, uveren da me neko posmatra sa vrha obližnjeg solitera, prestao. Uperio sam pogled u vrhove cipela, i nisam ga podigao sve dok nisam ušao u stražnje dvorište. Na drvenim stepenicama, na drugom stepeniku, ležao je punjač akumulatora. Osvrnuo sam se – tada sam, u stvari, prvi put podigao pogled – i video vevericu na vrhu bandere. Viđao sam je i ranije. Imala je gusti sivi rep i beli trbuh. Uneo sam punjač u kuhinju, zatvorio vrata, pokupio mrvice sa stola, skinuo cipele, provirio kroz prozor da vidim gde je veverica, odneo atlas u radnu sobu, vratio se u kuhinju, ponovo provirio kroz prozor. Veverica je i dalje sedela na banderi. Odjednom me je ophrvao umor. Virio sam kroz prozor, naginjao se preko sudopere, a već narednog trenutka počeli su da mi se zatvaraju kapci, osetio sam kako se na mene nešto spušta, povila su mi se ramena, listovi počeli da drhte, i morao sam, prekoračivši preko punjača, da odem do fotelje u dnevnoj sobi. Bezbroj puta sam sebi rekao, pomislio sam, da ne smem da dozvolim takve nagle prelaze iz ushita u potištenost. Nisam mogao da poverujem da sam samo sat ranije zviždao. Sada su mi usta bila suva, i jezik mi je kao krpa ležao u njima. Kada sam pokušao da namestim usne za zvižduk, čulo se samo tiho pucketanje usahlih ljuspi. Ne smem da dozvolim, pomislio sam, ali više nisam mogao da se setim nijedne zabrane. Zapravo, osećao sam se prevarenim: shvatio sam da sam poneo pogrešne knjige i pogrešne zabeleške, da ću zapisati potpuno drugačiju priču od one koju sam zamislio, da ću se približavati umesto da se udaljavam. Daljina je prava reč. Neke reči nikada dobro ne naučimo, pomislio sam, i ma koliko nas dobronamerno upozoravali, nikada ne razumemo nji- hovo pravo značenje. Nikada, na primer, nisam bio si- guran da stvarno razumem daljinu. Ranije sam mislio da je „daljina" samo druga reč za „putovanje", posle sam shvatio da se putuje iznutra, u sebi, i da spolja- šnji prostor nema nikakve veze s tim. Jedno vreme ni- sam verovao u daljinu, kao što neki ljudi ne veruju u boga; ništa me nije moglo ubediti. Potom sam „dalji- nu" počeo da zamišljam kao „bekstvo", a pošto sam o „bekstvu" uvek mislio kao o „utočištu", „daljina" se pretvorila u neku vrstu „utočišta", koje sam, s druge strane, uvek zamenjivao rečju „gost", ali ne u smislu „radost u kući", nego u smislu reči „tuđinac" ili, još bolje, „čovek pod nepoznatim krovom". To me je zbunjivalo, ta povezanost krova sa daljinom, krova koji bi trebalo pre svega da označava blizinu, zaštitu, prisnost, san. Možda postoji krov koji otkriva, pomi- slio sam, možda se njihova svrha ne iscrpljuje uvek u pokrivanju i bdenju? Nisam znao da li na to može da se odgovori, kao što nisam znao kako sam „daljinu" počeo da povezujem sa „samoćom" a „samoću" sa dolaskom u ovo mesto, u podnožju brda koje liči na nos. Pre dolaska, nisam ni znao da postoji to brdo, imao sam neku viziju grada u ravnici, duž obala reke, zamišljajući da je prerija ravna kao Panonija, ali ni- gde u tim slikama, nikada, nisam viđao brda. Znao sam da su planine u blizini, ali sam grad u sebi pred- stavljao kao besprekornu geometriju koja je mogla da postoji samo u apsolutnoj ravnici. Ništa na svetu, na- ravno, nije apsolutno, što objašnjava mogućnost da brdo nalik dugačkom nosu, zabijenom u tkivo grada, prodre u moju maštu, jer još nisam bio upoznao grad, nisam odmakao dalje od univerziteta, i grad, ako je doista postojao, postojao je i dalje samo kao pretpo- stavka, samo kao slika koju sam nosio u sebi. Drugim rečima, tamo gde sam očekivao da ću pronaći „daljinu", nisam je pronašao. Nisam bar pronašao „daljinu" koja se otkriva približavanjem, jer bez obzira koliko sam putovao, nisam imao osećaj da sam se približio. Neka mesta su samo posrednici. Iz njih je dobro izvirivati, na njihovim međama dobro je staviti ruku iznad očiju i zagledati se u smeru severa, na njihovim kapijama ne treba oklevati. U takvim mestima mese dobar hleb, pomislio sam. Ne znam zašto sam pomislio na hleb, pogotovo s tako ispucalim usnama, pogotovo tako izgubljen u nizu nejasno spojenih asocijacija. „Reći da je hleb isto što i čovekov dom samo bi pogoršalo situaciju", rekao sam. Jedno nisam mogao da izmenim: osećaj prevarenosti. Ako uskoro ne ustanem, pomislio sam; onda sam zastao, neodlučan između mogućnosti; onda sam ustao. Ptice su, uz glasne pijuke, preletale ispred prozora. Svaki čas bi se zaljuljala neka grana četinara, zatim bi se opet primirila. Ako se ovaj dan po nečemu razlikuje od drugih dana, pomislio sam, onda je po tome što se nikada neće završiti. Sve će ostati ovako kako je, pomislio sam. Poneka grana će se poviti, prhnuće ptica, moja ruka će poput senke proći ispred mojih očiju, pomislio sam. Usne su mi i dalje bile suve. I da znam neke reči, ne bih mogao da ih izgovorim. Ne bih mogao da kažem: „Prevaren sam." Ništa ne bih mogao da kažem. Ne bih ni želeo nešto da kažem. Ponekad treba misliti u kratkim rečenicama, jer bilo tada brže udara. Ponekad je dovoljno pomisliti na kretanje, ne treba stvarno podizati nogu, savijati prste. Ponekad, isto tako, ne valja disati; ne dugo, ne često, ali ponekad svakako. Ponovo sam sklonio kosu s čela. Nisam znao kada sam je prethodni put sklonio, ali bio sam siguran da ponavljam poznati pokret: nisam oklevao, nisam imao nedoumica, nisam strepeo zbog nepoznatog puta. Bilo je dobro znati da postoje stvari u koje ne treba ništa ulagati, koje se dešavaju gotovo same od sebe. Premda sam, naravno, mogao da zamislim zaveru lokne koja pada na čelo da bi poslužila kao karika u neumitnom lancu zbivanja. Nisam to učinio. Stajao sam i osluškivao kako se svet pretvara u klopku. Ništa više nije izgledalo kao onaj prvi trenutak na aerodromu, kada sam spazio šofera, kada je svaki pokret označavao dobitak. Prešao sam iz jednog prostora u drugi, a ništa se nije izmenilo: umesto vizije, i dalje slepilo; umesto ćutanja, i dalje reči. Nisam znao kako da povežem gubitak, klopku i prevarenost. Napolju bi zadrhtala grana, jeknuo bi krik, a ja sam pomišljao „klopka", „prevarenost", „gubitak". Ubrzo je sve što bih pogledao postajalo jedna od tih reči, bez otpora, bez napora, kao da jeziku stvarno nije potrebno više reči. Tada sam se setio atlasa. Pojavio se kao četvrta reč, kao „atlas", u trenutku kada su ostale potpuno zamenile pojavni svet. „Atlas" je odjednom sve vratio na svoje mesto. Grana je ponovo bila „grana", ptica je bila „crvendać", atlas je bio u radnoj sobi, radna soba je bila okrenuta prema zapadu i još uvek puna dnevne svetlosti. Seo sam na stolicu pored prozora i pokušao da ne mislim na profesora političkih nauka. Mislio sam o načinu na koji je knjiga kliznula prema meni, preko stola, kako sam mogao da je zaustavim a dopustio sam da se sruši u moje krilo, poželevši, na trenutak, da nastavi da pada, iako sam je, u gotovo istom trenu, dohvatio s dva prsta leve ruke i podigao, tako da se nekome sa strane moglo učiniti da držim vreli crep. Sada je ponovo ležala u mom krilu, ne vrela, ne teška, nikada ne bih mogao da zamerim *knjizi*, ali ipak sam osećao pritisak, neželjenu prisutnost, kao da se u obličju knjige krilo neko drugo obličje, strašno u svojoj suštini. Uostalom, pomislio sam, nikada nisam krio svoju odbojnost prema istoriji. Ništa više nisam pomislio. Okretao sam listove atlasa i razgledao istorijske mape Srednje i Istočne Evrope.

Dan je, ipak, počeo da se gasi. Ustao sam; bilo mi je potrebno više svetla da bih razabrao tačkaste granice nekih zemalja. Za razliku od istorije, geografiju sam voleo, iako nisam nikada uspeo u potpunosti da je shvatim. Geografija je bila stanje, kraći ili duži trenutak dobitka; istorija je bila dijagnoza, noć. I noć je doista pala, kao i uvek, naprosto je prekrila nebo i više ništa nije moglo da se vidi. Otišao sam u kuhinju i upalio svetlo. Atlas sam ostavio na sto, otvorio stražnja vrata i iskoračio na trem. Video sam zvezde na nebu, video sam gušće senke u uglovima dvorišta, odsjaj sa branika automobila parkiranog na drugoj strani prolaza. Kada sam čuo da se otvaraju nečija vrata, žurno sam se povukao u kuhinju, zatvorio svoja vrata i naslonio se na njih. Atlas je i dalje ležao na stolu, uprkos mom iščekivanju da ću ga zateći na polici ili frižideru. Ako bih dovoljno puta izašao i ponovo ušao, pomislio sam, možda ga na kraju ne bih više zatekao, možda bih uspeo da iskoračim iz jedne stvarnosti i vratim se u drugu, paralelnu, u kojoj se sve ovo ne događa, u kojoj je prostor na stolu slobodan za tanjir s prepečenim hlebom ili činiju s malim perecama. Nisam mogao da pretpostavim zašto sam pomislio na prepečeni hleb ili perece; nisam osećao glad, nisam, u stvari, ništa osećao; izašao sam i ušao sam, to je bilo sve, ali izašao sam *drugačiji* i ušao sam *drugačiji,* dok je atlas, pretpostavio sam, ostao isti. Knjige se ne menjaju; menjaju se, ako se menjaju, oni koji čitaju, pritom podižu glavu, gledaju okolo, sumnjičavo puće usne i odmahuju, uvereni da se *nešto* desilo, da im je neko zamenio tekst, samo trenutak ranije, nema ni nedelju dana, čitali su istu knjigu i između istih korica nalazila se sasvim različita priča, bez smrti, bez umiranja, bez raspada sistema, bez upitnih rečenica, a sada je sve vrvelo od zapenušanih pitanja, od umiranja, ili možda ne toliko od umiranja koliko od osećanja propadanja, kao da ništa više nije moglo da zadrži čitaoca, kao da su rečenice lažni podovi koji klize ispod nogu glavnih junaka, odnosno, poslednjeg preostalog junaka, jer za razliku od prethodnog čitanja, sada se šarenilo likova pretvorilo u bledunjave odraze jedne iste ličnosti, možda samog pisca, koja je neprekidno tonula, propadala zajedno s čitaocem, čvrsto stisnuta uz njega, kao da je on jedina zaštita, ili bar poslednja preostala, od svega onoga što čini svet. Kao da prebivanje izvan sveta, pomislio sam, predstavlja jedinu sigurnost. „Šta da radim s tobom?", rekao sam atlasu. Nisam mogao da se setim kada sam poslednji put progovorio, ali sam ipak pretpostavio da je glas koji čujem doista moj. Možda bi trebalo da ga ostavim napolju, pomislio sam, na baštenskom stolu, preko noći, sve do jutra? Ono što sam iz njega naučio dok sam ga prinosio očima pod sve bleđom svetlošću bila je jednostavna istina o sudbini mesta sa kojeg sam poticao: živeo sam na rubu nedovršenog istorijskog vrtloga, na rubu istorijske kloake koja je neprekidno usisavala duhovne i telesne izlučevine, i potom ih izbacivala u još gorim obličjima, prikrivenim iza privida istorijskih ravnoteža koje su se raspadale u najneočekivanijim trenucima. Ništa na tom mestu nije bilo postojano, ništa pouzdano, osim stalnog verovanja u moć privida, i ako se taj dan, pomislio sam, koji je odavno zagrizao u veče i držao ga u čvrsto stisnutim čeljustima, na bilo koji način razlikovao od svih ostalih, onda je to bio osećaj neverice pred čovekovom spremnošću da prihvati privid, pred brzinom, u stvari, pomislio sam, prihvatanja privida, brzinom spremnosti da samog sebe ubedi u istinitost iluzije. To je bio prostor gde je i najmanja fatamorgana postajala značajnija od svakog stvarnog predmeta, gde je senka na horizontu značila više od oluje koja se obrušavala na glave ljudi, gde je odsustvo uvek imalo više značenja od bilo kog prisustva. Mesto koje, na izgled, nije bilo u centru istorije, već uvek pomalo pomereno, pomalo postrance, pomalo ekscentrično, tamo gde se, paradoksalno, istorija doista događala, zaostajući za središtem, spokojno pre nemira, nemirno nakon uspostavljenog mira. Pomislio sam na vodu, na uznemirenost koja kreće iz njenog središta, i onda se vraća nazad, da bi u istom središtu pronašla novi mir. Ništa dalje od istorije, ništa neupotrebljivije za poređenje. Istorija nije jezero u kojem izjutra ogledamo lice, u podne hladimo noge, a uveče gasimo žeđ; nije čak ni jezero u koje istovremeno pada pregršt kamičaka, tako da se razni koncentrični krugovi spokoja i strepnje sudaraju i poništavaju; istorija je iščašenost, iskakanje iz uobičajenog, nešto poput izgrebane gramofonske ploče, stalno ponavljanje, često besmisleno, ponekad jasno, precizno, poput predskazanja. Nisam bio siguran da sam doista dopreo do suštine. Objašnjavao sam vodu, a možda sam doista mislio na ulje, na neku drugu tečnost, na supstancu u kojoj su molekuli čvršće povezani. Istorija je izmicanje, stalno nadmetanje unutrašnjih sila, kao u živi, pomislio sam, stalni raskorak između dela i celine, tako da uvek postoji neki deo koji, zaluđen kohezijom, pokušava dovoljno da se udalji od ostatka, ne znajući, pomislio sam, da samo ponavlja obrasce koje je ostatak ostavio iza sebe, da se uspinje tamo odakle su svi odavno sišli, da pada ka dnu sa kojeg su se svi odavno popeli. Nisam bio siguran da to bilo šta znači. Osećao sam, u stvari, kako mi sve postaje nedostupno, kao u onim krivim ogledalima u kojima se približavanje vidi kao udaljavanje, tako da na kraju, neumitno, čovek čelom udara u staklo, uveren da potraga za odrazom, za uteklim sopstvom tek počinje. Raširio sam prste, prvo na levoj potom na desnoj ruci, spustio dlanove na sto, sa obe strane atlasa, i oslonio se svom težinom na njih.

Bežao sam od reči, a sada sam, upravo, tonuo u njih, propadao u isto blato iz kojeg sam se izvukao, vraćao se u mirno središte oluje, u kojem su reči gomilane kao da su balast, izvlačene s pompeznom bezvrednošću, potezane kao prvo i poslednje rešenje, prazne reči, nepotrebne reči, jezik osuđen na ljuske, jezik u kojem više ništa nema nikakvu vrednost, u kojem svaka reč može da zameni bilo koju drugu, skidajući tako svaku odgovornost sa onoga koji govori, omogućavajući svakome da govori, dovodeći pod znak sumnje svakoga ko se odlučio za tišinu. Glava mi je visila između podignutih ramena; u tetivama i mišićima osećao sam napetost; levo koleno mi je zatreperilo; krsta su upozoravala; desno uvo mi je bridelo kao da sam dobio šamar. Sve u svemu, pomislio sam, ali nisam znao kako da nastavim. Unutrašnjost kuće se ispunjavala sve gušćim mrakom. Povremeno bi zapucketala neka daska, možda okno koje se hladilo, a zvuk frižidera je postajao jasan onog časa kada bi prestao da se čuje. Osećao sam se kao usne skupljene za zvižduk koji nikako da dopre; sve što se čuje je tihi prolazak vazduha, škripavi pokušaji potisnutih vazdušnih struja; potom sledi hrapavo kašljanje, ušmrkavanje nosa, tupi otkucaji srca koji dopiru iz velike dubine. Nekoliko sati kasnije, u četiri ujutru, otvorio sam oči i pogledao u mrak. Kao da mi je neki glas šapnuo na uvo: „Živiš u kući kartografa.“ Ustao sam i, bos, krenuo u podrum. Ako sam nekada svaku radnju video kao zbir reči, sada sam se kretao bez jezika, ništa nisam morao sebi da objašnjavam, bilo je dovoljno da podignem ruku ili pogledam, da pritisnem prekidač ili okrenem bravu, samo sam hodao, samo sam išao, silazio i uspinjao se. Nijednog časa nisam pomislio na atlas, kome pripada, zašto se meni obratio, uostalom, kada sam povukao gajtan u „sobici“ i pažljivije zagledao knjige i natpise na kutijama i fasciklama, pre bih pomislio na profesora istorije nego na kartografa, ali umotane rolne su doista bile mape, raznih veličina, nove i sasvim stare, što je, makar posredno, doprinosilo uverljivosti glasa, ma čiji bio. Moj nije, u to sam siguran, jer sam sve vreme ćutao. Ćutke sam povukao gajtan, ćutke sam počeo da pregledam rolne, ćutke sam otišao u radionicu, pronašao čekić i teglu sa ekserima, i odneo ih, zajedno sa odabranom mapom, u dnevnu sobu. Odlučio sam se ipak za trpezariju. Mapa je bila velika i pokrivala je najveći deo zida. Stara, precizno urađena, nemačka mapa Rimskog Casrstva *(Das Römische Reich seit Caesar und Augustus)*. Vratio sam se po drugu, i dalje bos, i doneo još tri. Bliski Istok, Balkan i Severnu Ameriku. Zidovi su bili meki, gotovo providni, uglavnom panel ploče i gipsane pregrade, i kuća bi zabrujala i zadrhtala svaki put kada bi se čekić spustio na glavicu eksera. Ponovo sam otišao u „sobicu", doneo još četiri mape, vratio se, doneo još četiri. U međuvremenu sam popio čašu soka od pomorandže. Ostale mape su bile manje, odnosno, bile su velike ali ne toliko kao Rimsko Carstvo, i praznine na zidovima su se brzo popunjavale. Nisam nastojao da pratim hronologiju, dopuštao sam svakoj mapi da pronađe svoj prostor, bez obzira da li je to mapa Rumunije ili ogromna fotografija Jerusalima, snimljena sa velike visine. Počelo je da sviće kada sam završio. Imao sam plikove na palcu i dlanu. Bolela me je glava. Stopala su mi bila ledena. Jedino u kuhinji i kupatilu nisam okačio nijednu mapu. Oprao sam ruke, zube, umio se. Očekivao sam, moram priznati da mi se glas ponovo obrati, pomišljao sam da sve mora imati nekakvo obrazloženje, nekakvu završnicu, ali ništa se nije dogodilo; zaspao sam. Kada sam otvorio oči, ugledao sam Mediteran. Kada sam ih ponovo otvorio, ugledao sam lice na prozoru. Skrenuo sam pogled na sat na noćnom stočiću. Lice je u međuvremenu nestalo, popodne se pretapalo u veče, možda je sve bilo samo igra senki, pokret četinara, lelujanje brezinog lišća, možda je crvendać širio krila, možda je moja glava klizila sa jastuka, vlažnog i toplog, ništa nije moralo da bude onako kako jeste. Mapa Mediterana nije iščezla. Visila je na istom mestu, na naspramnom zidu, možda malo iskrivljena, ništa više. Prava istorija nestaje, mislio sam dok sam se oblačio, poput lica na prozoru, a ostaje tumačenje, poput mape na zidu. Teturao sam po stanu, prepunom bledunjave svetlosti, pokušavajući da pronađem nit koja bi mi omogućila da prevladam poremećeni sklad. Svetlost me je, makar bledunjava, iznenadila, jer bio sam uveren, i s tom mišlju sam prethodne noći, prethodnog jutra, u stvari, utonuo u san, bio sam uveren, dakle, da mape, prekrivši sve slobodne površine na zidovima mogu da vode samo naniže, tamo gde bi svako, pomislio sam, očekivao mrak, samo mrak i ništa više, tamo gde bi, prema svim pravilima, pomislio sam, trebalo da prebiva središte istorije. Ali, nisam nalazio mrak, samo nelagodnost, kao da sam i dalje uspevao da hodam rubom levka, uprkos njegovom trunjenju, njegovoj peščanoj strukturi koja je, poput svakog živog blata, makar i suvog, morala na kraju da me isporuči čeljustima koje su vrebale na dnu, u mraku, na početku zamršenog spleta podzemnih tunela. Mala signalna sijalica na telefonu je žmirkala, upozoravajući na ostavljene poruke. Dekanova sekretarica me je podsećala na književno veče u ponedeljak, na koktel koji je potom sledio u obližnjem restoranu, onda je ženski glas ponudio usluge servisa za čuvanje beba i male dece, potom je muški glas ostavio poruku za Džona, naglasivši da očekuje odgovor još iste večeri. Možda sam sada Džon, pomislio sam pred mapom Bliskog Istoga iz 1978. godine, potom pred mapom koja je prikazivala

Evropu uoči Drugog svetskog rata. Muški glas je pažljivo izdiktirao broj telefona, svih sedam brojki. Dekanova sekretarica je pažljivo izgovorila naziv restorana. Ženski glas je obećao da će ponovo zvati. Svetlosti više nije bilo, čak ni one bledunjave, i počeo sam da pritiskam prekidače, da palim stone i zidne lampe. Na reljefnoj mapi Severne Amerike senke majušnih planina su padale na uža i šira plavetnila reka i jezera, na obale okeana. Da sam tragao za pravom rečju, odlučio bih se za „užas", pomislio sam, ali nisam tragao za rečima. Hodao sam između otisaka istorije, između izlizanih slika prošlosti, dopuštajući svima njima da govore svojim jezikom. Svojim jezicima, trebalo bi da kažem, pomislio sam, jer nisam bio siguran da cela istorija govori istim jezikom, kao što nisam bio siguran da ja uopšte govorim. Otkako sam ustao nisam otvorio usta. „To me ne čudi", rekao je profesor političkih nauka kada smo se slučajno sreli pred ulazom u univerzitetsku biblioteku. „Istorija nema nikakvu vezu sa jezikom", rekao je. „Ona se zbiva u onom prostoru izvan reči, katkad skučenom, katkad nerazumljivom, u koji pojedinac, kao pojedinac, nema mogućnosti pristupa", rekao je. „Jezik je kolektivan ali se zbiva na pojedinačnom planu, dok je istorija pojedinačna ali se ostvaruje na kolektivnom planu", rekao je. „Jezik izbacuje, jezik štrca kao mlaz", rekao je, „dok istorija usisava kao ponornica." Stajali smo pod mlakim jesenjim suncem, pod udarima toplog vetra koji su meni mrsili kosu a njemu odizali rubove lake jakne. Profesor političkih nauka je podigao ruku i vrhovima prstiju mi dotakao potamnele podočnjake. „Vidim da vas atlas nije ostavio ravnodušnim", rekao je. Nisam mogao da se setim kada me je neko poslednji put dotakao. Klimnuo sam glavom i ušao u biblioteku. Sa pokretnih stepenica, pognut, gledao sam kako odlazi. Jakna mu je i dalje lepršala

61

na vetru; jednom mu se i kravata podigla, kao usko jedro, ali nije izvadio ruku iz džepa; kravata je klonula, profesor je nestao, samo se grana ljuljala kao da je sa nje ubrao voćku. Naravno, kada sam izašao iz biblioteke i zagledao granu i drvo, prepoznao sam topolu. Spustio sam torbu sa knjigama i opipao listove. Uspostavio sam dve tačke, pomislio sam, mržnju i mrak. I dalje sam pipao listove, kao da su mogli da me zadrže, dok su oko mene prolazili studenti. Torba s knjigama je počivala na suncu; ja sam bio u hladu, u varljivom hladu listova uskomešanih vetrom. Prevalio sam toliki put, pomislio sam, da bih svoj život pretvorio u crtu između dve tačke. Pružio sam ruku prema torbi, desnu ruku; levom sam se i dalje držao za list. Devojka koja je išla prema meni, s pramenom preko očiju, nasmešila se. Pretpostavio sam da je osmeh upućen meni, premda je mladić koji je išao za njom otvoreno piljio u njenu stražnjicu. Dohvatio sam torbu, ali sam otkinuo list. Grana je sunula uvis, kao krik. Ispustio sam list, podigao torbu, gledajući sve vreme, poput krivca, u zemlju. Kasnije, na mostu iznad autoputa, omirisao sam prste leve ruke, pomislio na hlorofil. Udari vetra su tu, na mostu, povremeno postajali toliko jaki, da su me zanosili, nagonili na metalnu ogradu, povećavali težinu knjiga, istezali mi mišiće do krajnjih granica. Prevalio sam toliki put, pomislio sam, da bih svoj život sveo na ono od čega sam hteo da pobegnem. Misao mi se učinila poznatom, kao da sam je već znao, kao da sam je samo ponavljao. Na tabli pred crkvom pisalo je „Bog sluša". Na tržnom centru se vijorila zastava. Zastao sam kod autobuske stanice. Hteo sam samo da predahnem, ništa više. Dve starice, svaka naslonjena na svoja kolica iz samoposluge, gledale su u pravcu odakle je, pretpostavio sam, trebalo da se pojavi autobus. Onda su obe, istovremeno, okrenule glave prema meni. Torba

sa knjigama, platnena i sa šarenim reklamnim natpisom, imala je duge drške, tako da sam mogao da je prebacim preko ramena. Odmah sam se povio, kao da nosim olovo ili bar ugalj, ali nisam je spustio sve dok nisam ušao u moje stražnje dvorište. Dvorište je bilo prekriveno lišćem. Seo sam na stepenik i zatvorio oči. Uvek sam to radio, uvek sam zatvarao oči u pokušaju da bolje vidim. Vetar se nije osećao u kući, ali čuo sam kako škripe grane, kako pucketaju drveni zidovi, kako se svet stiska. Čašu soka od pomorandže iskapio sam u jednom gutljaju pred mapom Rimskog Carstva. Različite boje su označavale različita osvajanja. Video sam reč „Germani", video sam reč „Sloveni", jedino nigde nisam mogao da pronađem reč „varvari". „Sve dok je svet, ono što se smatralo granicama sveta, mogao da stane na jednu mapu", rekao sam narednog dana komšinici, „svet je mogao da se pojmi; onog časa kada je svet postao knjiga, pretvorio se u tumačenje." Komšinica se samo nasmešila. Videla me je u stražnjem dvorištu, gde sam pokušavao da prikupim grančice i listove koje je vetar pokidao, i prišla ogradi. Na istom mestu na kojem sam ugledao koleno njene kćerke sada se belelo njeno koleno, krupnije, svetlije, ali podjednako oblo. Mahnula mi je rukom i nestala, prvo njena glava a potom koleno, premda u to nisam bio siguran: možda je prvo odmakla koleno, oduprla se rukama o ogradu, odgurnula se i udaljila, tako da je glava tek na kraju poslušala poziv tela. Ponadao sam se da će se vratiti. Nije se vratila. Oblaci su se gomilali na nebu, vrhovi krošnji su se zanjihali, ovlaš, blago, kao zavese na promaji, i sve je pretilo da se pretvori u zaludni trud. Ušao sam u kuhinju i počeo da tragam za plastičnim kesama za đubre. Nisam ih našao. Prelistao sam papire sa porukama; ni reči o kesama. Posmatrao sam sa kuhinjskog prozora kako odleću listovi sa vrha gomile koju sam prikupio. Kuhinja i kupatilo su moje prostorije, pomislio sam. Tu sam telo, pomislio sam, hrana i izmet, energija i izlučevina, tanjir i češalj, sok i mokraća. „Ukratko", rekao sam dekanu odmah posle književne večeri, „život je strah od života." Dekan se složio, dodavši da, na neki način, život počinje tamo gde se završava. Nije, naravno, mislio na smrt, rekao je, nikada, zapravo, ne misli na smrt u prisustvu umetnosti, već na onaj kvalitetni skok koji život, ljudski život, rekao je, premešta iz granica biologije u sferu duha, na trenutak kada život, u doslovnom smislu, nije više život već potpora intelekta, i kada, upravo zbog toga, rekao je, misao strahuje od nemoći tela. Sedeli smo u restoranu u centru grada: dekan, profesor političkih nauka, pesnik kome nisam upamtio ime, dve devojke i ja. Pili smo pivo. Pesnik je rekao da ga je dirnulo što neko ko dolazi sa dna pakla ne piše o vatri. On bi se tamo, rekao je, osećao kao na električnoj stolici. „O, da", rekle su devojke istovremeno. Jedna je imala dugu plavu kosu, dok je druga bila sasvim kratko podšišana. Na resici njenog levog uha plavila se istetovirana ruža. Dekan je na to gledao na drugi način. Za njega je rat bio najobičnija manipulacija, zloupotreba ljudi, desakralizacija osnovnih ljudskih prava, uništavanje vrlina. Dekan je voleo dugačke reči. Profesor političkih nauka se odmah pobunio. „Rat se nekada smatrao vrlinom", rekao je, premda nije naveo nijedan primer. Podigao je kriglu i otpio nekoliko dugih gutljaja piva. Svi smo gledali u njega, u jabučicu koja se pomerala na njegovom vratu, u penu koja mu se zadržala na usnama. „Ja jednostavno ne mogu da zamislim rat", rekla je devojka s ružom. „Mi stalno živimo u ratu", rekao je profesor političkih nauka i nadlanicom obrisao usta, „i ono što doista ne možemo da zamislimo jeste mir." Pesnik je smatrao da je to dobar stih, ali druga devojka se pobunila protiv takvih uopštavanja. Savršeno je razumela, rekla je, šta je profesor hteo da kaže, i sama je prošla kroz neku vrstu rata dok nije u sebi spoznala svoju lezbejsku prirodu, ali zato je sada, rekla je, živela u savršenoj harmoniji sa sobom i drugima, sa celim svetom, u stvari, rekla je. Profesor političkih nauka je uperio kažiprst u mene. „Ukoliko mi ne verujete", rekao je, „pitajte ovog čoveka. Pitajte ga da li se nešto promenilo, da li se ovo mesto razlikuje od onoga odakle je došao, da li je ovde manje u ratu nego što je tamo bio?" Svi su pogledali u mene. Uzeo sam kriglu i otpio nekoliko dugih gutljaja piva, obrisao nadlanicom usne. Dekan je smatrao da se naš razgovor kreće u pogrešnom pravcu, da su premise potpuno pogrešno postavljene, iako nije naveo koje. Profesor političkih nauka, međutim, bio je uporan. Pomenuo je zemljotrese, rekao je da se oni uvek događaju duž linija na kojima postoje geološke greške, gde se delovi zemljine kore dotiču i taru, iako i čovekove aktivnosti mogu da ih prouzrokuju, rekao je, na primer, prilikom punjenja ili pražnjenja velikih akumulacionih jezera, ponekad je dovoljno tako malo, rekao je, da se svet pomeri s mesta. Slušali smo, klimali glavama, podizali čaše s pivom. U jednom trenutku svi smo, sa izuzetkom profesora, prineli čaše usnama, i svi smo ih, u istom času, vratili na sto. Kelner, mladić s konjskim repom, nagnuo se nad nas i upitao nas, gotovo šapatom, da li je sve u redu. Sve je u redu, rekli smo, svako ponaosob. Kelner je želeo da zna da li smo spremni za novu turu. I dalje je šaputao, kao da nam nudi čarobni napitak ili zabranjeni narkotik. Spremni smo, rekli smo, iako devojke još nisu bile ispraznile svoje čaše. Profesor političkih nauka je izvadio hemijsku olovku iz džepa, dohvatio salvetu i nacrtao krug, ispresecao ga krivudavim linijama, podebljao pojedine tačke dodira, zatamnio nekoliko razdvojenih mesta. Devojka s ružom na resici

65

je spustila kažiprst na tamnu mrlju. „Tu se", rekao je profesor, „svet raspada." Kelner je veštim pokretima razdelio krigle sa vlažnog poslužavnika. Devojke su naglo ispile staro pivo, kao da se kelner više nikada neće vratiti, i dodale mu prazne posude. Kelner je imao debeljuškaste prste i dugačak nokat na malom prstu desne ruke. Krigle su takođe bile debeljuškaste, sa ručkama koje su mogle da se drže kao okidač. Pesnik je rekao da shvata kako zemljotres funkcioniše, ali da ipak ne shvata vezu sa onim o čemu razgovaramo, premda nije rekao šta je to. „Pokušajte to ovako da predstavite", rekao je profesor političkih nauka. Okrenuo je salvetu, nacrtao mali krug, zacrnio ga žustrim pokretima, potom oko njega nacrtao nekoliko većih koncentričnih krugova. „Zemlja se, grubo rečeno", rekao je, „sastoji od slojeva." Pogledao nas je. Niko nije ništa rekao. Jedna krigla se podigla, druga se spustila. „Ovo je središte zemlje", rekao je profesor političkih nauka i uperio vrh hemijske olovke na crni krug, „usijana magma, živa vatra, vasiona koja još pulsira, a ovo", pomerao je vrh olovke duž koncentričnih krugova, „njeni sve hladniji slojevi, rude, minerali, stene, fosili, zatim njena kora, brda, mora i doline, šume, klisure i pustinje." Pogledao nas je. Niko nije ništa rekao. Devojka s ružom na resici je dotakla ružu na resici, blago, kao da je miluje, kao da proverava da li se i dalje nalazi na istom mestu. Profesor političkih nauka je otpio gutljaj piva, obrisao penu sa usana. „Čovek, ljudi", rekao je, „tvore poseban krug, ne na kori, kao što bi neko mogao da pomisli, već između zemljine kore i zemljine atmosfere, krug koji, u stvari, nikome ne pripada. Taj krug", rekao je i ponovo okrenuo salvetu, „takođe je podeljen na mnoštvo delova, na tačke koje se dotiču, granice koje se taru, ivice koje zadiru jedne u druge." Pogledao nas je. Niko nije ništa rekao. „Tu se, na tim mestima," rekao je, „događaju ratovi, i to na isti način kao zemljotresi, koji se ponavljaju sve dok se geološke greške ne isprave. Samo što ovde nije reč o geologiji", rekao je, „već o ljudskom duhu." Devojka s dugom plavom kosom se nasmešila, pesnik je zažmurio, dekan je napućio usne, devojka s ružom na resici je zagrizla vrh svoga palca. „Isto tako ratovi", rekao je profesor političkih nauka, „koji se ponavljaju sve dok se greške ljudskog duha ne isprave, dok se ne izravnaju razlike, dok se ne dođe do razumevanja, dok se neko ne uništi." Dekan je zaključio da je reč o ravnoteži, odnosno, rekao je, o odsustvu ravnoteže. Upotrebio je sliku terazija, pomenuo tegove koji se stavljaju na jedan ili drugi tas, moglo se pomisliti da je nekada radio u piljarnici ili apoteci. Pesnik je morao da krene; čekala ga je žena. Devojke su takođe rekle da moraju da krenu, iako nisu rekle ko ih je čekao. Dekan je ponudio da me odveze do kuće. Profesor političkih nauka je odmahivao glavom, kao da ne veruje u ono što je ispričao. A napolju je padao sneg. Stajali smo, nas šestoro, u otvorenim vratima restorana i piljili u pahulje. Devojka s dugom plavom kosom je negde pročitala, rekla je, da reči najviše podsećaju na pahulje jer, poput njih, ponekad ostanu, zadrže se duže ili kraće vreme, ali se na kraju uvek istope, iščeznu. Niko od nas nije znao gde je to mogla da pročita. „Bez obzira gde je pročitala", rekao je pesnik, „izvornik je kod Dantea." Dekan se ogradio, nije mogao sa sigurnošću da tvrdi, rekao je, da je Dante ikada pisao o snegu, ali je pesnik bio uporan. „Dante i Šekspir su sve napisali", rekao je, „ostali pesnici samo kljucaju zaboravljene mrvice i žive od izmišljanja novih parafraza." Devojka s dugom plavom kosom nije mogla, ili nije htela, da nam pomogne. „Onaj ko zna šta je vatra", rekla je devojka s ružom na resici, „zna i šta je led." Prišla mi je i zagrlila me, ovlaš, prislonivši već vlažni obraz na moj, podjednako vlažan, možda čak vlažniji, s obzirom da sam prvi izašao iz restorana i stajao, za razliku od ostalih, izvan malog kruga, pravougaonika, bolje rečeno, zaštićenog uskom nastrešnicom. Sneg je padao tako gusto, da sam, udaljivši se samo dva-tri koraka od ulaza u restoran, poželeo da uhvatim dekana za ruku ili, dok je odmicao prema kolima, da se pridržim za kaiš na njegovom mantilu. Ćutao je dok je vozio, što sam protumačio kao usredsređenost, iako me je u jednom trenutku, kada nas je zaustavilo crveno svetlo na semaforu, uveravao da se ništa neobično ne događa, da je sneg ovde, rekao je, poput sunca ili kiše na nekom drugom mestu. Nije rekao na kom mestu. Svetla na semaforu su se promenila, pored nas je promakao crveni džip na velikim točkovima, dva ili tri puta smo skliznuli, odbili se od ivičnjaka, sve vreme zagledani u snežnu zavesu koju su brisači nakratko presecali i iz koje su u nepredvidivim razmacima izbijala tamna obličja, za koja sam, s pravom, verovao sam, pretpostavljao da su pokvareni ili napušteni automobili. Ništa nisam prepoznavao, i kada smo se zaustavili, pomislio sam da je motor otkazao. Dekan je oblizao usne i rekao da se nada da spadam u one stvaraoce koji su u stanju da pronađu različitost u jednoličnosti, spektar boja sakriven u belilu snega. Nisam odgovorio. Klimnuo sam glavom, otvorio vrata i izašao iz kola. Stupio sam u duboki nanos i osetio kako mi sneg curi u cipele. Kada sam stigao do ulaznih vrata, okrenuo sam se. Osim mojih tragova, trošnih rupa na zavejanom travnjaku, i izukrštanih otisaka točkova na putu, ništa nije bilo stvarno. Svetlost sa uličnih svetiljki mogla je da bude svetlost udaljenih zvezda, tako je bila treperava, tako iskrzana pod sunovratom pahulja. Ušao sam u kuću i, ne paleći svetlo, otišao u kuhinju. Sneg je padao u stražnjem dvorištu, ne znam zašto sam pomislio da tamo možda neće padati, kao da je to mogao da bude neki zaštićeni prostor, sveto mesto, nevidljiva ali ipak stvarna špilja. Odškrinuo sam frižider, zavirio, zatvorio ga. Kada sam se vratio u dnevnu sobu, i dalje u mraku, i pogledao kroz prozor, više nisam mogao da pronađem svoje tragove. Video sam blaga udubljenja tamo gde sam, pretpostavio sam, spustio stopala, ali razmak između njih je bio toliko velik, kao da sam, kada sam izašao iz dekanovog automobila, skakutao u nastojanju da umaknem snegu koji se slivao između bočnih strana mojih cipela i teget čarapa. Da nisam bio u kući, da sam, uprkos snegu koji je i dalje padao, stajao *ispred* kuće, tamo gde je, sada nevidljiva, počinjala betonska staza koja je vodila između četinara i breze, vidljivih ali preobraženih, pomislio bih da je neko drugi, neki veliki čovek, znatno veći od mene, nedavno tuda prošao, grabeći velikim koracima prema sigurnosti, toplini i svetlu, ali bio sam u kući, u sigurnosti i toplini, premda ne i u svetlu, i ma koliko se trudio, nisam uspevao da se setim nijednog skoka. Setio sam se dekanovog lica, bolje je reći: obrisa dekanovog lica, osvetljenog načas lampicom koja se upalila kada sam otvorio vrata automobila, i njegovih ruku, spokojnih na krugu volana, iako je vožnja pod takvim vremenskim okolnostima sigurno izazivala napor svih mišića, *mojih* koliko i *njegovih,* jer sam tokom vožnje, kako se to već često događa u sličnim situacijama, podražavao sve njegove pokrete, ne samim pokretima, naravno, nego negde u sebi, u butinama koje su se stiskale, u listovima i stopalima koji su, ne pritiskajući, oponašali pritiskanje, u kičmi i ramenom sklopu, i posebno u nadlakticama koje su se pripijale uz rebra, u laktovima koji su se utiskivali u napeti stomak. Pahulje su naletale na okno, i poneka bi se zalepila na staklo i polako klizila naniže, sve dok se ne bi susrela sa drugom. Ne, nisam mogao da se setim nijednog skoka.

Okrenuo sam se kada sam stigao do ulaznih vrata, ali dekan je do tada već bio otišao, njegov auto se spustio niz blagi nagib ulice poput, pomislio sam u tom okretu, iskošenih sanki. Zapazio sam kako se grane breze povijaju pod teretom snega, kako je sneg od četinara napravio skoro savršenu kupu. „Ovde ću ostariti", pomislio sam kao da se sećam imena prijatelja. Neka imena, naravno, ne znače ništa; neka sećanja su samo način da se bolje zaboravi. Kada je sneg prestao da pada, i dalje sam stajao pored prozora. Video sam kako poslednja pahulja dotiče vrh snežnog brežuljka, kamuflirane ukrasne živice koja je označavala granicu između dva poseda, i sve je odjednom postalo mirno i mlečno belo. Žućkasti trapezi, odrazi prozora sa kuća u kojima je još gorela svetlost, ležali su na snegu poput prostirki; svetlost ulične lampe se kao spavaćica spuštala sve do osnove stuba, gde je tvorila podjednako žućkasti krug. I stražnje dvorište, video sam kada sam ponovo otišao u kuhinju, bilo je puno mlečnog belila, bilo je, u stvari, toliko belo, da sam načas pomislio da sam zaboravio da ugasim dvorišno svetlo. Jedino su mape na zidovima, primetio sam u prolasku, postale tamnije, čak i mapa Rimskog Carstva. Jerusalim je postao mrlja; Balkan masna fleka; Istočna Evropa zamršena žvrljotina. Prošao sam još jednom između njih, ovog puta na putu prema kupatilu, gde sam napokon upalio svetlo. Pažljivo sam razgledao obraz, levi, koji je devojka s ružom na resici dotakla svojim, takođe levim. Ništa nisam našao. Sneg je počeo ponovo da pada narednog jutra, dok sam doručkovao. Prethodno sam metlom uklonio sneg sa stražnjih drvenih stepenica, lopatom raskrčio prednju stazu i deo pločnika, protresao brezu, srušio beli obrub sa malog bazena, oslobodio vrata na drvenoj ogradi. U početku sam bio ponosan na svoj rad, pogotovo kada sam osetio kako mi se mišići zatežu, kako tetive svetlucaju od napora, ali kasnije, dok sam, oslonjen na metlu, stajao na tremu, pomislio sam da sam samo uneo nered u red, da sam, poput većine ljudi, samo uspeo da zaprljam ono što je bilo čisto, da unesem haos u sklad. Suvi listovi i trava izvirivali su tamo gde je vrh moje lopate prodro do tla, otisci mojih stopala narušivali su nežne linije snežnih nanosa, grumenje zemlje se mešalo sa utabanim snegom. Ako je nekoga trebalo da mrzim, pomislio sam, onda je trebalo da mrzim sebe; ako je nekoga trebalo prekorevati zbog neznanja, trebalo je sebe da prekorim. Naslonio sam metlu na zid i sklonio kosu s čela. U potpunoj tišini škripnula su neka vrata, i u susednom dvorištu pojavila se komšinica. Mahnula mi je rukom, ne zastajkujući, krećući se prema garaži. Nosila je crvenu jaknu, crne pantalone i duboke cipele. Negde u tim pantalonama počivalo je njeno koleno, oivičeno crvenim prugama, zaostalim od pritiskivanja na letve koje su nas delile. Jedino sam tako mogao da ga zamislim, i tako sam ga zamišljao dok sam se naginjao nad tanjir sa kajganom, dok sam ispijao toplo mleko. Tako posle brodoloma, pomislio sam, preživeli misli na ostrvo. Dok tone, on se zapravo uspinje uz njegovu peščanu obalu; dok poslednji put udiše vazduh, on zapravo leže pod drvo, pored izvora, u hlad koji hrabri i vraća nadu, čak i onda kada nade više nema. Nisam bio siguran da su to prikladne misli za jutarnji obed, za bilo koji obed, u stvari. Uvek sam verovao da treba jesti u potpunoj praznini, bez misli i rečenica, i uvek sam jeo dok mi je glava brujala kao košnica. Sneg je, u međuvremenu, ponovo počeo da pada, sitniji nego prethodne noći, ali podjednako gust, i kada sam podigao pogled sa mleka, komšinicino koleno se pretopilo u rastresit grozd pahulja. Pomislio sam da bi trebalo da pribeležim taj niz belina, preobražaj mleka, ako tako može da se kaže, u griz od snega posredstvom meke ženske kože. Ukoliko se, naravno, koža na kolenu može opisati kao meka, i ukoliko sneg doista liči na griz. Ništa od toga nisam mogao da proverim. Moji papiri su i dalje ležali pored kompjutera, u prostoriji u koju sam retko kada ulazio, sklon, radije, da se zadržim u vratima ili da se, pošto bih napravio korak ili dva prema njenoj unutrašnjosti, okrenem i vratim u hodnik. U hodniku sam mogao da čučim, stojim, čak da prilegnem; u sobi s kompjuterom nisam mogao ništa da uradim. Nekoliko puta, odmah po dolasku, promenio sam redosled papira, napravio novi razmeštaj na radnom stolu, uveren da predmeti mogu da govore, ali tek onda kada zauzmu pravi položaj. Sve što je bilo potrebno bilo je strpljenje, sposobnost da se sasluša, da se čuje, čak i onda kada je glava bila ispod vode. Ni to nisam mogao da proverim; i to je, znao sam, bila jedna od mojih odstupnica, jedan od načina da potvrdim, sebi ako nikom drugom, nesavršenost sveta ili, još bolje, svoju nesavršenost. Sneg je prestao da pada tačno u podne. U jednom plakaru sam pronašao gumene čizme. Obuo sam ih i napravio nekoliko koraka, prvo preko kuhinje, potom duž hodnika. Stopala su mi klizila u njima, prsti se sudarali sa tvrdom gumom, pete nasrtale na zavarene lubove, bile su mi prevelike, iako su mi u isto vreme na vrhu, obrubljenom gumom druge boje, stiskale listove kao da su male, neugodno se usecajući u potkolenice i stalno me podsećajući, u smeni tupog bola i škripe snega koja je pratila moje kretanje kada sam izašao napolje, da pripadaju nekom drugom. Na drvenoj tabli pored crkve, naspram tržnog centra, pisalo je „Bog je beo". Slova su takođe bila bela; samo je tačka na kraju rečenice bila crvena. U skloništu na autobuskoj stanici, načinjenom od providnih plastičnih ploča, sedela je ubrađena žena, s korpicom u krilu. Na parkingu tržnog centra vladala je uobičajena živost, automobili su

dolazili i odlazili, vrata se otvarala i zatvarala, zasta-
vice lepršale, reklame žmirkale. Nikada, zapravo, ni-
je postojao trenutak kada je sve mirovalo. Uvek se
nešto kretalo, mimo jezika, mimo rečenice, mimo pri-
če. Morao sam da stanem. Snežni oblaci su se polako
razdvajali, tačno iznad univerzitetskog kompleksa,
kao tajni znak. Levo od mene, naspram nešto tamni-
jeg horizonta, sijale su visoke građevine gradskog
centra, kojem nikada, ma koliko hodao svih tih dana,
nisam uspeo da se približim. Desno od mene, grad se
već primicao svojoj granici, puzao uz brdo slično
onom koje se, iza mojih leđa, na kraju ulice, ali bez
zgrade, zarivalo u kraj u kojem sam stanovao. Nisam
odavno pomislio na mržnju, pomislio sam. Nisam
znao da li se zbog toga osećam bolje ili gore, nisam
ni znao da li nešto osećam, jednostavno sam skrenuo
sa uobičajenog puta, tako da se univerzitet našao na
mojoj desnoj strani, i krenuo, licem prema centru gra-
da, ulicom koja je vodila između niskih stambenih
kuća. Kada sam stigao do prvog ugla, ponovo sam
skrenuo; kada sam stigao do narednog ugla, ponovo
sam skrenuo. Sve kuće su, na prvi pogled, bile slične,
ali kada bih malo bolje zagledao, iako ih nisam doista
zagledao već ih samo beležio krajičkom oka, u hodu,
kao neki popisivač, video sam da nijedna nije ista.
Slični su bili samo prozori, veliki prozori koji su, kao
u *mojoj* kući, zauzimali skoro ceo zid, i iza kojih, kao
u *mojoj* kući, nije bilo nikoga. Nigde, u stvari, nije bi-
lo nikoga. Jednom je samo pored moje glave prolete-
la grudva, ali kada sam se osvrnuo, nisam ugledao,
kako sam očekivao, ni dečaka ni devojčicu. Ugledao
sam vevericu na drvenoj banderi. Zavirio sam iza naj-
bližeg žbuna, nagnuo se preko žive ograde, čak sam
prešao na drugu stranu ulice. Onda sam se vratio do
grudve koja je ležala na blagoj snežnoj uzvišici. Kao
kakav majušni ledeni meteor, počivala je na dnu plit-

kog kratera; dok se kotrljala, nakon završenog leta, prikupila je na sebi dodatni sloj slepljenih pahulja; trag koji je ostavila, iskrzan i neravnomeran, podsećao je na putanju puža preko trošne zemlje. Tako sam i ja, pomislio sam, doleteo ovamo, niotkuda, kao da nigde ne nameravam da odem, kao da nikada nisam nameravao da napustim padinu koja se podizala iznad kuće u kojoj sam živeo. Pao sam s neba, pomislio sam, i odmah sam se prisetio mučnine prilikom sletanja, osećaja da jedini način na koji mogu da savladam svoju utrobu jeste da joj dozvolim da izađe. Pružio sam ruku i dotakao grudvu, prvo kažiprstom, potom palcem, onda celim dlanom. Možda bi trebalo da je ponesem kući, pomislio sam, zabrinut u isto vreme što s takvom lakoćom, sve češće, tuđi dom nazivam svojim. Ni grudva nije bila moja, što je otežavalo moju odluku, ali mogao sam da čekam, bio sam spreman da pružim vlasniku, kako se to obično kaže i ukoliko je doista imala vlasnika, „još jednu šansu". Čučnuo sam, dakle, pored grudve, povremeno je doticao, ovlaš, desnom pa levom rukom, povremeno pogledajući oko sebe, jednom čak iza sebe, jednom pravo iznad sebe, u nebo, već raspuklo, plavo, kao da nikada nije bilo drugačije. Ulicom je prošao kamionet, i brujanje njegovog motora, prštanje snega pod njegovim točkovima, klepet nevidljivih predmeta koji je dopirao sa njegovog stražnjeg dela, svi ti zvukovi koji su se nadvili nad mene kao zastor podstakli su me na odlučnost. „Sada", pomislio sam, pružio ruku, sčepao grudvu i, uspravljajući se, gurnuo je u džep svoje jakne. Kamionet je stigao do ugla, zastao kao da premišlja, onda skrenuo desno, tamo gde sam ja, na putu prema grudvi, premda to tada nisam znao, skrenuo levo. Počeo sam da koračam prema suprotnom kraju ulice, polako, trudeći se da ne privučem ničiju pažnju. Nisam znao čiju pažnju bih mogao da privučem, ali kao i uvek u takvim slučajevima, umesto da hodam bezbrižno, poput prolaznika koji želi da udahne svež vazduh ili se vraća sa obavljenog zadatka, hodao sam sve upadljivije, gotovo sam šepao, pognut pod skrivenim teretom, iskrivljen u nameri da budem prav, vidan u zamišljenoj nevidljivosti. Jedino nisam promenio utvrđeni obrazac skretanja, i svaki put kada bih došao do mesta gde su se dve ulice sekle, ili doticale, ili stapale u luk, prelazio sam u drugu, sve dok nisam stigao do ulice koja je vodila pored školskog igrališta, na suprotnoj strani od one pored koje sam obično prolazio, i koja je, posle neuobičajeno oštre krivine, izbijala pravo na ulicu u kojoj sam stanovao. Grudva se do tada smanjila, iako nije, bio sam uveren, doista izgubila na težini, s obzirom da me je podjednakom snagom pritiskala i oslanjala se na moj kuk. Ispod džepa, načinjenog od komada štofa druge boje koji je bio prišiven na jaknu, napravio se tamni, vlažni polumesec. Pomislio sam da bih mogao da ga osušim peglom, samo da pronađem peglu, samo da stignem kući. Sa breze je prhnuo vrabac; odnekle je zalajao pas. Kada sam stupio na očišćenu stazu koja je vodila prema ulaznim vratima, već sam toliko vukao nogu, da sam osećao bol od napora. Obišao sam kuću i popeo se uz drvene stepenice. Tako nekako i ja nestajem, pomislio sam dok sam tražio ključ u džepu mojih pantalona, ispod vlažnog traga na jakni. Dolazim kao grudva, nestajem kao grudva, i sve što ostaje jeste barica. Bare sam uvek povezivao sa žabama, kao što sam pse uvek nazivao Fredi. Jedino za sebe nisam nikada imao stalno ime, pomislio sam. Stajao sam u kuhinji, i dalje u jakni, a sa dna moga džepa polako su se otkidale krupne kapi i padale na pod. Uvukao sam ruku u džep i izvukao ostatak grudve, patrljak, ogrizak, mrvu. Ono što je nakada bilo belo, sada je bilo bezbojno; umesto oble sfere, držao sam bezoblični komad sleđene vode, pomešan sa končićima i čestitama tkanine, trunjem i ljuspama. Napolju je još uvek bio dan, ali u kući je već vladao mrak, ili bar sumrak, i mape su, više nego ikada, bile tamne mrlje. Otišao sam u kupatilo i sprao zaostalu tečnost i prljavštinu s dlana. Nema sumnje, pomislio sam, da bi profesor političkih nauka u svemu ovome iznašao dodatno značenje. Neki ljudi, pomislio sam, uvek vide više od onoga što se doista vidi. Drugi, pomislio sam, ne vide ni ono što se vidi. Nisam znao gde sebe da svrstam. Piljio sam u svoj lik u ogledalu, onda sam sklonio kosu s čela. Nisam verovao u ogledala. Nisam, pomislio sam, ni u šta verovao. Jednom sam verovao u reči, pomislio sam, ne za dugo, ali ipak dovoljno dugo da, posle toga, živim u uverenju da je moguće ponovo pronaći tu veru. Otvorio sam usta kao da ću nešto reći, ugledao svoje zube i jezik, rumen u duplji. Izvan kuće, verovatno u krošnji četinara, svađali su se vrapci. Negde je nešto zapucketalo, naglo, potom se čuo tihi prasak, kao da se kida zategnuta gumica. U rastućoj tmini moj lik se gubio, ugibao se i talasao na površini ogledala, poput ribe u mutnoj vodi. „Ovde ste došli da pišete", rekao je dekan, „i sve ćemo učiniti da vas ništa u tome ne omete, ponajmanje uspomene." Nisam znao na koje uspomene misli. Nisam mogao da se setim nijedne uspomene. Jedino sam se sećao grudve, koje više nije bilo. Približio sam se ogledalu, ali video sam još samo svoj nos, vrh nosa, a onda je i on iščezao, kao sve ostalo. Izašao sam iz kupatila, obišao kuću krećući se između mrlja i senki i kriški svetlosti koja je dopirala sa uličnih svetiljki, zastao pred vratima koja su vodila u podrum, naslonio se na ragastov i duboko udahnuo vazduh. Kada sam zatvorio oči, svici su prolepršali negde ispod mojih kapaka. Kada sam ih otvorio, sneg je počeo ponovo da pada. Zamislio sam, na trenutak, potpuno zavejanu kuću u kojoj sam živeo. Samo je dimnjak štrčao na vrhu snežnog brega. Narednog jutra, naoružan flomasterima, počeo sam na mapama da ucrtavam granice o kojima je govorio profesor političkih nauka. Razdvojio sam civilizovan svet od sveta varvara, Ilire od Slovena, istok od zapada, Arape od Jevreja. Ubrzo sam imao toliko granica, nevidljivih a ipak stvarnih, da je svet počeo da se kruni kao klip kukuruza. U podne sam zastao, skuvao instant supu od paradajza, i pojeo je stojeći, nasred dnevne sobe. Neko, nisam više znao ko, bio je u pravu: istorija je odraz geografije, istorija jeste geografija, kao što je geografija, pomislio sam, odraz ljudskog duha i postaje nesavladiva tamo gde duh ne uspeva da dosegne novi kvalitet. Možda sam negde pogrešio, ali uvek sam radije verovao u nesigurnost nego u sigurnost, u meku nedoumicu nego u čvrstu samouverenost. Mape, bar, nisu lagale, jer mesta na kojima su se gotovo pokidale od brojnih nanosa raznobojnih mastila, mesta susretanja duhovnih razlika i ideoloških predubeđenja, uvek su se podudarale sa geografskim odrednicama. Uvek je postojala neka reka koja nije smela da se pređe, neki planinski prevoj uz koji se, uprkos njegovom blagom usponu, nije moglo uspeti, neka ravnica koja je, odbijajući da pripada, neprekidno menjala vlasnike, visoravan koja se jedino mogla priželjkivati, klisura koja se nije mogla premostiti, dolina koja je, gmizeći uz reku, mamila i zavodila, zamagljujući, pogotovo ujutru, dok su se pramenovi magle valjali niz obronke, nesavladive linije razlika, mesto gde su voćnjaci postajali šikare, oranice se pretapale u pašnjake, tarabe se uklanjale pred visokim ogradama od opeke, kamene ćuprije se povlačile pred visećim mostovima. Prelistao sam, polako, *Istorijski atlas Srednje i Istočne Evrope*. Carstva su se pretvarala u kraljevine, grofovije su srastale u provincije, pokrajine su postajale re-

77

publike, monarhije su se gložile, autonomne oblasti se zatvarale u sebe, federacije žudele za konfederacijama, ali granice, one šire, one prave, one koje su doista pripadale duhu a ne vojno-političkim promenama, ostajale su iste, uvek duž istih geografskih odrednica. Neke reke jednostavno nisu mogle da se pređu, neke padine nisu mogle da se savladaju. Nije bilo važno gde se nalazi granica, granica koja se pravdala ratom ili osvajanjem ili kompromisom; stvarna granica je mogla da bude negde drugde. Reka koja je vekovima proticala nekom državom, duboko u njenoj unutrašnjosti, nikada, zapravo, nije ništa spajala, već je uvek, bez obzira na sve brane, nasipe i mostove, samo razdvajala, samo potvrđivala razlike, pokazivala da svet ima hiljadu maski a samo jedno pravo lice. Ostavio sam flomastere na sto u trpezariji. Poređao sam ih prvo po veličini, potom po debljini, onda sam hteo da ih složim onim redosledom kojim se boje pojavljuju u dugi, ali nisam mogao da se setim kako duga počinje i kako se završava. Mape, sasvim izvesno, bez obzira koliko sam šarao po njima, nisu nalikovale na dugu; samo na jednom mestu, na mapi Balkana, debele linije, posmatrane sa daljine, mogle su da podsete na sjaj duge na nebu, na svetlost koja se probija između oblaka, sjaj kiše koja, kao zavesa, visi iznad grada. Kao što je sada, pomislio sam, veče visilo na nebu, u gradu koji nisam upoznao, u zemlji koju nikada ne bih mnogao da pređem s kraja na kraj. Ako još jednom pomislim: „Ovde ću ostariti“, pomislio sam, prestaću da mislim. Odmakao sam stolicu, seo, pognuo vrat i čelom dotakao sto. Otišao sam, pomislio sam, zato što je prostor počeo da se smanjuje, što su zidovi pretili da me uguše, što više nisam prepoznavao sebe dok sam hodao ulicom, čitao novinske naslove, kupovao hleb, bacao kamenčiće u reku. „Ti si neko drugi“, rekao sam sebi, rekao sam, u stvari, stolu, dok su mi usne doticale čaršav, dok mi se vrh nosa zarivao u tkaninu. Kada bi sada zazvonio telefon, pomislio sam, skočio bih i rekao: „Da.‟ Telefon nije zazvonio, samo je neko pokucao na stražnja vrata, tiho, s prekidima, kao veverica koja je jednog jutra zagrebala šapicama po pragu. Nisam se pokrenuo. Čekao sam sve dok se kuća nije napunila mrakom; tek tada sam otišao do vrata i otvorio ih. Nigde nikoga; samo prazno dvorište, sjajno od snega, rebrasti tragovi sa đonova nečijih čizama na daskama, grane na kojima su i dalje visili suvi listovi, lopata oslonjena na zid. Pomislio sam na profesora političkih nauka, iako bi njega trebalo da zamislim na prednjim vratima, na devojčicu, na njenu majku, na staricu iz naspramne kuće. Povukao sam se u kuhinju, polako, kao svaki kućevlasnik. Došao sam, pomislio sam, zato što je prostor počeo da nestaje, zato što više nisam mogao da se setim kako se zovem, zato što sam govorio samo u kratkim rečenicama, sa sve manjim brojem reči. „Ne‟, rekao sam pred vratima koja su i dalje bila otvorena, koja su stajala kao ram između gušće i ređe tame, „došao sam zato što jezik nije više ništa značio, što se prosipao kao brašno u mlinu, što ga, zapravo, nije više bilo.‟ Kada svi govore, reči su samo kamenje koje se kotrlja, pomislio sam, šljunak u vodi. Bio sam umoran. Nisam, činilo mi se, udahnuo vazduh nekoliko sati, premda sam ga nekoliko puta izdahnuo; dobro sam se sećao tih izdisaja, jer sam svaki put pomislio da neko stenje u susednoj prostoriji. Da je kuća imala tavan, pomislio sam, bio bih uveren da neko tamo sedi u uglu, okružen paučinom i sanducima sa starim stvarima, i pita se da li svet i dalje postoji. „Ne postoji‟, rekao sam, i dalje pred otvorenim vratima. Zatvorio sam ih. Kada sam ih narednog prepodneva ponovo otvorio, ugledao sam novi sneg. Nikada neću preći preko tog snega, pomislio sam, zamišljajući svaku reč za sebe, kao da ne postoje rečenice. Dok sam ga čistio sa drvenih stepenica, leteo je, suv i rastresit, kao prašina. Ako ništa drugo, pomislio sam, bar ne mislim na mržnju. Stajao sam pored poslednje stepenice i pokušavao da se prisetim kako je sve nekada izgledalo. Devojčica se iznenada oglasila, onako kako samo devojčice umeju da se oglase, i upitala me da li sam nešto izgubio. Između drvenih letvi naziralo se njeno crveno zimsko odelo. Okrenuo sam se i vratio u kuću. Nikada niko nije uspeo da pobegne, pisalo je u jednoj knjizi, jer beži se samo od sebe, ni od koga drugog. Nasuo sam sok od pomorandže u visoku, vitku čašu. Devojčica je i dalje čučala iza ograde. Imala je crvenu kapu i crvene rukavice, a duboke crne cipele bile su vezane crvenim pertlama. Otišao sam u sobu s kompjuterom, podigao se na prste i provirio kroz prozor. Ugao se izmenio, crvena boja je nestala, ograda je izgledala kao drveni talas. Povukao sam beli kanap i zelena zavesa je prešla preko prozora kao na malim lutkarskim pozornicama. Kada bi neko sada upitao, pomislio sam, kakva je razlika između govora i tišine, ne bih umeo da mu odgovorim. Navukao sam zavesu i preko prozora u spavaćoj sobi, hitro, rukom, uz škripu čeličnih alki, uz otpor malih štipaljki. Oklevao sam jedino u dnevnoj sobi, ispred velikog prozora, držeći gombu na kraju sivog gajtana. Kada sam je povukao, zavesa je zaplovila poput jedra, premda sam pomislio na bunar, na vedro koje se podiže iz dubine. Preostale su mi još dve književne večeri, odlazak u gimnaziju, susret sa studentima kreativnog pisanja, i znao sam, u polumraku, mada je možda bilo bolje govoriti o polusvetlosti, da nikada pored njih, na spisku koji mi je dala dekanova sekretarica, neće stajati kukica koja označava ispunjenje obaveze. „Došao sam ovde da pišem", rekao sam kasnije dekanu, a on je samo klimao glavom. Bilo mu je žao, rekao je, ali ako nešto razume u svom životu, onda je to potreba da u samoći budemo drugi ljudi. Tako je on, rekao je, shvatio pisanje ili, možda je to ispravnije, rekao je, svako stvaranje. Dlanovima je obujmio šolju s kafom, kao da greje prste. Nisam znao o čemu govori. „Kad god pada sneg", rekao je dekan, „mislim da se svet završava." Dekanova sekretarica je ponudila da dolije sok od pomorandže u moju čašu; kada sam odbio, izvila je obrve i stisnula usne. „Jednom se mora stati", rekao sam. Ponovio sam istu rečenicu na hodniku, gde sam bio sasvim sam, i u liftu, u kojem su bila dva studenta, iako me niko nije ništa pitao. Lift je stao na sedmom, petom i četvrtom spratu, pre nego što se zaustavio u prizemlju. Sačekao sam da svi izađu, tri studenta, čistačica i žena u invalidskim kolicima; onda sam preskočio dve barice na podu lifta i stupio na šarene pločice. Da napolju nema toliko snega, pomislio sam, ne bih ni trenutka izdržao u predvorju u kojem su se uzvici odbijali od visokih zidova, gumeni đonovi proizvodili piskave zvukove, stranice udžbenika se lomile kao da su uštirkane. Pločice su se ponavljale u zamršenom obrascu, geometrijskom i simboličnom, ukoliko se za zaludnost obrazovanja, pomislio sam, uopšte može pronaći odgovarajući simbol. U stvari, pomislio sam, ljudske nevolje i nastaju zbog toga što neprekidno želimo da jedan predmet predstavimo drugim, kao da on, sam po sebi, nije dovoljan. Stalno, pomislio sam, želimo da nešto bude nešto drugo, da prostor bude kutija, da voda zauzme zapreminu, da vazduh bude hemijska jednačina. Kada sam izašao iz zgrade, ubrzao sam korak. Hodao sam tako brzo, da lica koja su promicala pored mene nisu stizala da se uobliče, da su mi oba stopala, iako nisam trčao, povremeno bila odignuta sa tla. Kada sam, dva sata pre toga, ipak izašao iz kuće u kojoj sam stanovao, hodao sam tako sporo, tako velikim i nezgrapnim koracima, nastojeći da što manje povredim novi sneg, da sam mogao da osetim kako mi senke klize preko lica. Prešao sam stražnje dvorište u šest koraka, a sada, u žurbi, šest koraka nije bilo dovoljno da se pomerim s mesta. Znao sam šta me zadržava, znao sam da je mržnja sidro, ali svaki student koji mi je dolazio u susret, svaki profesor ili asistent, bez obzira što im nisam video lica, lišavao me je volje, gulio me kao voće, i ostavljao podbulo središte koje je pulsiralo, nadimalo se i spuštalo, ispisujući svoju mržnju poput račvastih jezičaka munje na olujnom nebu. Nebo je, dakako, bilo plavo, vedro, još plavlje sada, pretpostavljao sam, nego kada sam došao, toliko plavo, da niko ne bi pomislio da iz takvog neba može da pada sneg. Sneg nije padao, što je bilo varka, opsena ravna univerzitetskom kompleksu koji je svojom veličinom trebalo da prikaže opseg znanja, moć nauke, dalekosežnost uvida, a samo je senčio prazninu, blage krivine staza, nezgrapnost žbunja i nepredvidiva granjanja ogolelih stabala. Mogao sam jedino da potrčim, i trčao sam, sudarajući se sa studentima, obarajući kape i knjige, nalećući na parkirana vozila. Na trenutak, na nadvožnjaku, zastao sam da bih rekao: „Jednom se mora stati." Nije to bila rečenica, samo niz reči, nepovezanih, svaka za sebe, svaka posebno, kao u rečniku. Na tabli ispred crkve nije ništa pisalo, iako se iz dimnjaka, na nagibu krova, podizao dim. Na autobuskoj stanici, u zaklonu od providnih plastičnih ploča, niko nije čekao. Brdo na kraju ulice kao da se povilo pod snegom, ujednačilo i izravnalo, i prvi put sam uvideo da na njemu ne raste nijedno drvo. I dalje sam brzo hodao, čak brže nego ranije, i stopala su mi, iako u debelim čarapama, klizila po oznojanoj unutrašnjosti čizama, znoj mi se skupljao i iza ušiju, kapao u oči, slivao se do uglova usana, odakle sam ga povremeno brisao nadlanicama. Telefon je zazvonio dok sam vlažnim prstima, nezgrapno, gurao ključ u bravu, gornju pa donju. Profesor političkih nauka je želeo da mi prenese poslednje vesti, izgovarajući, nezgrapno, nazive planina, osvojenih kota i bombardovanih gradova. Stiskao sam slušalicu uz uvo, zastrašen od trenutka kada će zaćutati i primorati me na odgovor. Nisam mogao da se setim nijedne rečenice; mislio sam samo u rečima, u razmacima između reči. Nisam bio zadihan. Kao da je brzina hoda učinila da sve ostane iza mene, kao da sam stigao pre samog sebe. Samo se kiselkasto isparenje podizalo sa odeće, izviralo iz čizama, zadržavalo u kosi. „Niko", rekao je profesor političkih nauka, „nije preživeo, ponajmanje oni koji su ostali živi." Govorio je o mrtvima, broju teškog naoružanja i linijama fronta kao da diktira recept za voćnu tortu. Nije mu bila namera da pomislim, rekao je, da mene optužuje za bilo šta, kako bi, uostalom, rekao je, mogao da optuži nekoga ko se nalazi hiljadama kilometara udaljen od samog događaja, od mesta zbivanja, ali na simboličnoj ravni, rekao je, krivica je nedeljiva, svi smo krivci, u istoj meri, rekao je, kao što smo svi nevini, ćutanje, u tom smislu, rekao je, nije bolje od govora, kao što ni govor ne kazuje mnogo više od tišine, jer nema načina, rekao je, ukoliko se nalazimo na ovom svetu, da budemo izvan sveta, i ma koliko se zatvaramo, jer nije sumnjao, rekao je, da nastojim da se zatvorim, samo se još više otvaramo, nikada se niko nije spasao, rekao je, iza zida, iza namaknute reze, ispod prozora, gde u doslovnom smislu, rekao je, postajemo još ranjiviji, a naše slabosti se pretvaraju u otvorene rane. „Da", rekao sam. Nisam mogao da se setim nijedne druge reči. Profesor političkih nauka je spustio slušalicu. Sagnuo sam se i izvukao telefonski kabl iz zida. Mala plastična kopča je tiho škljocnula, brojčanik se zatamnio, signalna lampica za poruke prestala da svetli. Skinuo sam čizme, jaknu, džemper, vlažne čarape. Pod je bio hladan. Prsti na nogama su mi se skupili, potom su se ispravili. Dolazilo je veče; lajao je pas. Da zavese nisu bile navučene, pošao bih da ga tražim, kao što sam ga već tražio, od prozora do prozora, iza vrata i taraba. Ovako, sa spuštenim zavesama, mogao sam samo da stojim. I stajao sam, sve dok se hladnoća nije uzverala uz moje članke i listove, i doprla do kolena. Kolena su počela da drhte. Napravio sam korak, sasvim mali korak, levom nogom, prema stolu, onda sam pomerio i drugo stopalo, s naporom, primakao ga uz levo, potom ponovo pomerio levo, napred pa udesno, poput skakača na šahovskoj tabli. Drhtanje nije prestalo, premda je oslabilo, osetio sam čvrstinu u kolenima i mrve pod tabanima, tvrde od sasušenog hleba, meke od žutog sira. Napravio sam još dva koraka, slična, iako više nisam mislio na skakače već na lovce, i našao se pred mapom Južne Amerike. Kraljica bi me sigurno odvela dalje, pomislio sam, žene znaju prečice koje nijednom muškarcu ne bi nikad pale na pamet. Rokada je, s druge strane, tako čaroban potez, toliko nestvaran u strogoj strukturi poteza, da bi, kada bih samo mogao da je oponašam pokretima stopala, sigurno prouzrokovala istu čaroliju kao na šahovskoj tabli. Profesor političkih nauka, pomislio sam, voleo bi da vidi te kretnje, umeo bi da objasni tvrđavu koju bih sazidao u desnom ili levom uglu. Naravno, zatvaranje u šahu, pomislio sam, vredno je samo ukoliko vodi u otvaranje, sve ostalo je varka, odložena predaja. Užas jezika, pomislio sam, jeste upravo u tome što istovremeno saopštava više značenja, što istim rečima kazuje sasvim različite stvari. Pomislio sam to pred mapom Grčke. Hladnoća se, u međuvremenu, povukla; tabani mi, dakako, nisu bili topli, i rado bih obuo papuče, da sam samo imao papuče, ali bar mi kolena više nisu klecala, što čoveku uvek daje dodat-

84

nu sigurnost. Zavirio sam u *Istorijski atlas Srednje i Istočne Evrope;* nasumce sam ga otvorio, namerno sam ga zatvorio. Sve je u njemu bilo toliko povezano, toliko precizno, da više nisam mogao da ga držim u rukama. Nijedna mapa u njemu, uostalom, nije mogla da se shvati bez ratova, nijedna nije bila nacrtana bez tačkastih i isprekidanih linija koje su obeležavale promene granica, nijedna nije bila postojana, nijedna nije mogla da zahvati vremenski interval duži od četrdesetak godina, jer su linije postajale isuviše zamršene, stvarnosti toliko ispremeštane, da niko ne bi mogao u njima da se snađe. Ne bih smeo, pomislio sam, sa toliko sigurnosti da govorim o drugim ljudima, da svoje nemoći i nesposobnosti pripisujem ostalima. Svaka moja rečenica, pomislio sam, trebalo bi da bude izrečena u prvom licu, bez obzira što je u nekoj knjizi zapisano da je „ja" najbolja maska, da „ja", pomislio sam, ne postoji. Stajao sam pred mapom Rimskog Carstva i posmatrao Dunav, tu debelu glistu, koja je uvek označavala razmeđe svetova. Reke se ne prelaze, pomislio sam, jer nikada ne možeš da budeš na obe obale, uvek postoji ona druga, dovoljno različita, tako da ni most ne može da predstavlja utehu. Na mostu, pomislio sam, možeš samo da čekaš kada će se srušiti. Jedino je mapa Rimskog Carstva bila doista mapa sveta; sve ostale su bile samo fragmenti, isečci verovanja da je istorija završena i da se više nikada neće desiti. Pritisnuo sam prvi prekidač na koji sam naišao. Onda sam redom, krećući se nešto žustrije, iako sam i dalje povremeno skupljao prste, oslanjao se na spoljašnje strane stopala, pritiskao ostale prekidače, i uskoro je svugde gorelo svetlo, možda prvi put otkako sam stigao, ukoliko ne računam dolazak, ali tada smo šofer i ja palili svetla da bismo videli, a sada sam ih palio da bih prestao da gledam. Nikada neću uspeti da objasnim tu razliku, pomislio sam. Pomislio sam i na šofera, kako spušta glavu na jastuk i povlači pokrivač sve do brade. Tada mi je glava klonula na grudi, tada sam i sam mogao da zaspim. Nisam zaspao. Samo sam brzo zatvorio oči, i još brže ih otvorio. Kao što je biblioteka groblje mrtvih priča, pomislio sam, tako su mape groblje mrtve istorije. Živa je samo ona priča koja se ne predaje jeziku, pomislio sam, kao što je živa samo ona istorija koja se ne predaje mapama. Uzaludno je zapisivati, pomislio sam, kao što je uzaludno crtati mapu. Reči su samo odjek, zvuk šupljine, avetinjski jahači na nebu, pomislio sam, kao što su granice samo nestvarne šare, nevidljive prepreke. Priča ne postoji na papiru, među listovima knjiga, pomislio sam, kao što granica ne postoji na mapi ili u atlasu. Nisam više mogao da mislim; nisam se više usuđivao da se zaustavim pred mapama. Bez obzira na svetlost, meku u dnevnoj sobi, prigušenu u spavaćoj sobi, oštru u trpezariji, u svakoj od njih sam mogao da iščeznem, svaka je bila rupa, otvor, klopka koja je mamila. Nisu bile moje, ali to me nije spasavalo; neposedovanje je katkad opasnije od svakog imetka. Atlas je bio moj, ali čak i kada bih ga pocepao, kada bih iskoristio stranice da napravim razna obličja od glatkog papira, iako nisam doista znao pravila origamija, ništa se ne bi izmenilo. Od nekih stvari, pomislio sam, ne može se pobeći. Mogao sam samo da trčim, kao što sam sada trčkarao kroz kuću, dok je moja senka, čas jasna a čas razlivena, katkad udvojena, plovila preko kvadrata i pravougaonika koji su odražavali lice sveta. Ne jedno lice, to je bilo pogrešno, nego hiljadu, bezbroj lica, od kojih je svako bilo različito, isto samo na prvi pogled, a već je drugi kazivao da je u pitanju varka, da je „oko, ili „uho", ili „nos", ili „usta", svejedno, samo reč, jedna od reči, a da se iza njih, ili u njima, nalazi pravo oko, ili prava usta, svejedno, nešto što se ne može izgovoriti, što izmiče svakom jeziku. Trčkaranje je prešlo u kas, kas u trk, trk u galop. Galopirao sam u kući, pomislio sam, isto onako kako ždrebe jurca po livadi i upoznaje pravo značenje trave, insekata i izmeta. Mape su promicale pored mene, kao što su studenti jednom, mada nisam mogao da se setim kada, promicali pored mene, nošeni mojom željom da nestanu, da se pretope u nešto drugo, nešto što nisam mogao da izrazim, što mi je izmicalo istom brzinom kojom mi se približavalo. Zastao sam, načas, pored vrata koja su vodila u podrum, iako se nisam doista zaustavio. I dalje sam visoko podizao kolena, šumno udisao vazduh kroz nos, i još šumnije ga ispuštao kroz usta. Kada bih sada ušao, pomislio sam, nikada više ne bih izašao, ostao bih da živim u spremištu za mape, kao što neko živi na rubu otpada. Pod je odjekivao pod mojim nogama, mape su se odmicale od zidova, nošene vazdušnim strujama mog trka. Velika fotografija Jerusalima je prva skliznula sa zida; Južna Amerika se zgužvala kao krpa; Azija je pala preko stola; Australija se iskrivila; Bliski Istok se preokrenuo, pokazujući belinu pozadine. Kada sam stao, bila je noć. Nisam video noć, nisam video mrak, ali čuo sam tišinu koja se spuštala na kraj grada u kojem sam stanovao. Sklonio sam kosu s čela. Fredi je odavno prestao da laje, pomislio sam, i sada se trzao u snu, na prostirci pored činije s vodom, bez obzira u kojoj kući se nalazio. Psi uvek spavaju pored činija, pored jedine izvesnosti koju poznaju. Nisam znao da li je ta tvrdnja tačna. Nikada nisam imao psa. Ono što sam imao, ostalo je u vremenu koje više nisam imao, u zemlji koja više nije bila moja, kao što ni ja, verovatno, više nisam bio njen. Gubitak je uvek obostran, pomislio sam. Piljio sam u svoje nožne prste, i gledao kako se na njih polako spuštaju zaostala zrnca prašine. „Sve u svemu", rekao sam svojim nožnim prstima, „nemamo kuda da odemo." Glas je odjeknuo u kući poput praska naduvene papirne kese. Nožni prsti su ćutali. „Došao sam", rekao sam, „zato što sam prestao da trajem, zato što sam poverovao da život može ponovo da bude trajanje, a ne samo niz isprekidanih sekvenci, uvek novi početak, nikada kraj, i našao sam se u mreži novih početaka, u stalnom ponavljanju, u nemogućnosti da bilo šta bude drugačije od onoga što je nekad, jednom, bilo." Nisam mogao da se setim kada sam poslednji put izgovorio tako dugu rečenicu. „Došao sam", pokušao sam ponovo, premda se nisam više obraćao samo nožnim prstima, „zato što sam poverovao da ću, kada se budem osvrnuo sa drugog mesta, videti prvo mesto onako kako nikada nisam mogao da ga vidim dok sam bio na njemu, da ću, oslobođen pristrasnosti i strasti za posedovanjem, uvideti da je sve moglo da se odigra na drugi način, da je stvarnost, zapravo, sadržana u činu izbora, u suprotstavljanju bilo kakvoj nužnosti." Da nisam začuo šušanj iza svojih leđa, verovatno ne bih nikada prestao da govorim. Okrenuo sam se i video kako mapa Evrope klizi niz zid i tone iza naslona fotelje. Uvek je tako posle oluje, pomislio sam, uvek neka grana pada naknadno, kada je nebo već vedro a trava odiše svežinom. Mogao sam ponovo da potrčim, pomislio sam, ponovo da pokrenem strujanje koje bi otrglo sve mape sa zidova, onako kako su u nekoj knjizi kidane kazaljke sa satova, ali bio sam siguran da to ne bi ništa izmenilo. Nikada nisam bio tako siguran kao tog časa. Hladnoća je počela ponovo da se vere uz moje članke, prema listovima i kolenima. Dnevna soba je bila u neredu, trpezarija takođe, čak je i u spavaćoj sobi pokrivač spao na pod, čaršav se izvukao ispod dušeka. Nigde, naravno, nisam našao papuče. Znao sam, u stvari, da ih nemam, a ipak sam ih tražio. Zavirivao sam u plakare, odmicao komade nameštaja, premeštao cipele na polici. „Sutra ću ih kupiti", iznenada sam pomislio, sasvim precizno, kao da sam znao šta reč „sutra" označava. U nekoj drugoj prilici, takva preciznost bila bi dovoljna da me zavede u san; sada, međutim, ne. Video sam svoj odraz u velikom ogledalu u spavaćoj sobi, u mračnom oknu kuhinjskog prozora, na tamnom ekranu televizora. Ako sada stanem, pomislio sam, nikada neću sustići odraz. Klečao sam, pognut pored kreveta, i piljio ispod njega. Gledao sam zgužvani papir, smotuljke prašine, parče celofana, reklamnu nalepnicu. Uspravio sam se, sklonio kosu s čela. Najteže je shvatiti jednostavne istine, pomislio sam. Atlas je jednostavna istina, pomisio sam. Mape su jednostavne, pomislio sam. Nikada nisam bio toliko umoran, jedino možda kada sam doputovao, kada me je šofer napustio, ali tada sam popio čašu soka od pomorandže, tada sam još verovao u sok od pomorandže, možda zbog toga, pomisio sam, što su u mojoj zemlji pomorandže teško uspevale, samo s krajnjim naporom, za razliku od šljiva, koje su rasle kao korov. Razlike su ono što treba uočavati, a ne sličnosti, pomislio sam. Onda sam pomislio da treba da prestanem da mislim. U prvi mah sam uživao u toj pomisli, hodao sam po kući kao mehanički stvor, ruke su pratile kretanje nogu, glava se povijala prema zahtevima kičme, stomak se povremeno oglašavao slabašnim krčanjem; potom sam se predao. Sručio sam se na stolicu u kuhinji, iskrivio vrat i zagledao se u tavanicu. Kada bih sada začuo glas, kao onomad u krevetu, pomislio sam, ne bih mu poverovao. Istog časa sam zažalio što sam ponovo počeo da mislim, ali to je bio samo još jedan od neuspeha, kao što daljina nije uspela da me udalji od mesta kojem sam stvarno pripadao, vrtlog da me izbavi od pravolinijskog kretanja istorije, snovi da me sačuvaju od stvarnosti, odrazi da postanu moje pravo biće.

„Sve sam izgubio", rekao sam, ali reči više nisu praskale; kesa koja jednom pukne, ne može se više naduvati, bez obzira na lepak, lepljivu traku ili sitan bod na šivaćoj mašini. Nevidljive niti koje su spajale atlas sa preostalim mapama, sa profesorom političkih nauka, sa studentima zablenutim u udžbenike, sa gerilcima u kamuflažnim uniformama, sa pregovaračima za okruglim stolovima, sa preprodavcima brašna i oružja, bile su jače od svakog praska, od svake vibracije glasnih žica i treperenja vazduha, tako nepriladno nazivanih rečima. Kada sam, podstaknut bolom koji je nadirao kroz vrat i ulivao se u ramena, ispravio glavu, ugledao sam nove pahulje u okviru prozora. Na trenutak su grabile svetlost koja je dopirala iz kuhinje, blesnule bi, a onda su se gasile kao iskre u dubini ognjišta. Sneg je postajao vatra, led je počinjao da gori, život je izlazio iz mraka i vraćao se u mrak. Da sam stajao, pomislio sam, morao bih da sednem, toliko je turobna bila ta rečenica, toliko beznadežna, nesposobna da izdrži vlastiti teret. Osećao sam kako se spušta na mene i prekriva me kao crni plašt fotografa. Nisam znao da li fotografi još uvek to rade, da li i dalje žele da pokažu da se stvarnosti razlikuju, da fotografija nije doista ono što prikazuje; sada, pretpostavio sam, škljocaju aparatima bez ikakvog zaklona, potpuno otkriveni, kao da svetu više nije potrebna vera u iluziju, nada da blesak pahulje može da bude, ipak, sjaj iskre. Samo još mađioničari, pomislio sam, koriste zaštitu plašta ili utehu kutije, iz kojih izlaze preobraženi, nadnaravni, obećavajući da svet, ipak, može da bude bolji. Pod uslovom, pomislio sam, da svet nije mapa i da ne želimo da budemo kartografi. Sagnuo sam se i dotakao svoje nožne prste. Naravno, bilo je kasno za takve pomisli, jer led ipak ne gori i mape, poput glečera, ostaju izvan vremena, za sva vremena, samo vreme. Spustio sam glavu još niže, između nogu, i kolenima stisnuo obraze. Sasvim prikladan položaj, pomislio sam, za nekoga kome se prostor smanjuje i granice sužavaju. Ako zemlja u kojoj živim, pomislio sam, nije više moja, a kuća u kojoj stanujem pripada nekom drugom, čiji sam onda ja, kome pripada moje telo? Osetio sam kako mi pulsiraju slepoočnice, kako mi creva podrhtavaju od pritiska gasova. Na neka pitanja se odgovara pitanjima, na neka ne treba nikada odgovoriti. Skliznuo sam sa stolice, premda bi bilo bolje reći da sam se stropoštao na pod, kao svaka prazna vreća. Nisam video, ali sam znao da napolju i dalje pada sneg, gotovo sam čuo šum pahulja koje su se spuštale na drvene stepenice, golu brezu, ptice u oluku, blago iskošeni krov. Da sam dete, pomislio sam, otvorio bih usta, a pahulje koje bih uspeo da uhvatim u letu, da osetim na jeziku, označavale bi želje koje će mi se ostvariti, pod uslovom da ih zamislim pre nego što se istope. I pod uslovom, dakako, da imam želje i da imam jezik. Od svega toga, bio sam siguran jedino u sneg. Uspravio sam se na kolena, oslonio na dlanove, i četvoronoške se uputio u sobu s kompjuterom. I iza te zavese, zelene, padao je sneg. I iza one u spavaćoj sobi dopirao je isti šum, kao da neko lagano prosipa kutiju s konfetama. U dnevnoj sobi čak je bio glasniji, možda zato što je prozor bio veći a zavesa poput zida od tkanine, ili zato što je nekoga izdalo strpljenje i što je protresao kutiju, brzo, brzo, ne dozvoljavajući sebi da se predomisli. Primakao sam se bliže zavesi i prestao da dišem. Onda sam udahnuo vazduh, uspravio gornji deo tela, i dalje na kolenima, i primetio kako se senka moga tela udvaja dok mi je trup prolazio između dva izvora svetla, između lampe na televizoru i lampe na naspramnom zidu. Razmakao sam zavesu, sasvim malo, i svi troje smo provirili napolje, obe senke i ja. Na travnjaku ispred kuće, odnosno, na snegu koji je pokrivao travnjak, nedaleko od breze, čučao je zec. Ispustio sam zavesu i seo na pete. Senke su pobegle negde iza mene, sjedinile se kod vrhova mojih nožnih prstiju. Kada sam se ponovo uspravio, senke se nisu vratile. Zec je čučao na istom mestu, nepokretan, zagledan u mene ili, bar, u uski prorez na zavesi. Lepo se videlo kako mu njuška podrhtava, kako mu se brkovi savijaju pod teretom gustih pahulja. Trepnuo sam, i on se pokrenuo, lenjo, okrenuo mi leđa i napravio dva-tri koraka, zastao i osvrnuo se. I ja sam se osvrnuo. Zec se vratio na isto mesto, možda se čak malo približio, onda se ponovo udaljio, došao do breze, njuškom dotakao koru. Ispustio sam zavesu i seo na pete. Nisam se usuđivao više da gvirim. Ustao sam, kolena su mi zapucketala, tabani zastenjali pod težinom, i uputio se u kuhinju, obuo čizme, navukao debeli džemper preko glave. Prišao sam ulaznim vratima, otvorio ih, prekoračio prag, stupio na stepenik pokriven snegom. Zec se nije pomerio. Svetlost je na trenutak preletela preko snežnog pokrova, zauzimajući pravougaoni oblik koji mu je skoro dotakao šape. Zec je spustio glavu, kao da želi bolje da vidi oblik, da pomiriše svetlost. Kada sam zatvorio vrata, podigao je oči prema meni. Koraknuo sam, a on se povukao unazad, ostavljajući plitku brazdu na snegu. Napravio sam još jedan korak, potom još jedan, i zec je nastavio da se povlači, sve dok nije dospeo do mesta gde je, samo da nije bilo snega, počinjao pločnik, gde je trava, samo da nije bilo snega, ustupala prostor betonskim pločama, i tu se uspravio, podigao na prednje noge, dok su mu se mišići zatezali pod krznom. Nisam, u stvari, bio siguran za mišiće. Sneg je bio toliko gust, da se na trenutke činilo da je zec samo gušća koncentracija pahulja, oblik koji hoda. I sâm sam postajao oblak, jer su pahulje hitro prianjale uz tkivo vune i nabora somota, lepile se za kosu i trepavice, pretvarajući prizor

92

u tačkasti kovitlac u kojem ništa nije bilo postojano. Samo su moje čizme ostajale čizme, odbijajući da dopuste, onako crne i glatke, bilo kojoj pahulji da zastane i predahne na njihovim oblinama. Zec je tada skočio, visoko, kao da ga je neko, ko ga je do tada držao, naglo pustio, i krenuo uz blagi nagib ulice. Načas sam ga izgubio iz vida iza susedne živice, ali kada sam stigao do pločnika, video sam da me čeka, udaljen dvadesetak koraka, nedaleko od metalne bandere. Čim me je ugledao, ako me je doista ugledao, jer ništa nisam znao o zečevima, nisam znao kako se snalaze u prostoru, da li gledaju ili osluškuju, ili možda samo njuše vazduh, ali onog časa kada sam stupio na pločnik, ponovo se pokrenuo, i ta razdaljina više se nije smanjivala, i kada bih se okliznuo ili zastao, ili pak požurio, tako je on usporavao ili ubrzavao, približivši se samo jednom, kada sam, zadihan na kraju ulice, na vrhu nagiba, počeo da oklevam i pomislio da se vratim. On je tada već bio na nizbrdici, na delu ulice koji se spuštao prema ogranku autoputa koji je u širokom luku opasavao brdo zariveno u severni deo grada, i kada je osetio ili čuo da sam prestao da se krećem, a svakako nije gledao, jer se nijednom nije do tada osvrnuo, okrenuo se i uputio prema meni, smanjivši rastojanje na samo desetak koraka. Da je nastavio da se približava, poverovao bih da će progovoriti, ali on je zastao i ćutao. Čekao sam dok su mi pahulje i dalje nadirale u oči, klizile niz kosu i kapale za vrat. Kada sam podigao ruku da ih obrišem sa obrva, zec se izvio, okrenuo u skoku, i nastavio da se spušta. Kada sam stigao do tog mesta, gde se uredan niz njegovih tragova pretvarao u metež, jasan možda lovcu ali meni potpuno nerazumljiv, on je već dospeo do raskrsnice. Kada sam stupio na ostrvce koje je regulisalo kretanje automobila, on se provlačio kroz otvor na žičanoj ogradi. Sačekao sam da prođu zeleni džip i bezbojni kamionet; oba vozača su pritisnula sirene dok su prolazili pored mene, vozač džipa je čak zatreperio farovima; pretrčao sam preko puta i prišao vratima u ogradi, pored kojih je, privezana tanjom žicom, visila tabla sa natpisom „Gradski park, Sekcija B". Zeca, tada, više nisam video; odmakao je u gušći mrak, desno od mene. Vrata su škripnula kada sam ih otvorio, škripnula su kada sam ih zatvorio. Brdo se podizalo preda mnom kao ledeni breg, i kao što se santa krije ispod vode, tako se i brdo, pretpostavio sam, spuštalo ispod grada koji ga je zapljuskivao i okruživao, ne uspevajući nikada u potpunosti da se uzvere uz njegove padine. Zato sam se ja penjao. Pognut gotovo do tla, nastojeći da otkrijem zečje tragove, krenuo sam udesno i naviše, isturajući bok, kao rak. Naleteo sam na žbun, raspršio sneg sa njega, potom mi je noga upala u rupu, sapleo sam se preko nekakvog korenja, okliznuo iznad malog useka. Na jednom mestu zapucketao je led. Moja bosa stopala su šetala po unutrašnjosti čizama, pete su se bolno sudarale sa tvrdim gumenim lubovima. Kada sam napokon naišao na zečje tragove, ugledao sam i zeca. Ugledao sam, u stvari, belo obličje za koje sam pretpostavio da je zec, jer tu, na brdu, za razliku od dvorišta i ulice, noć je doista bila noć, mrak je bio mrak. Osetio sam i vetar. Možda to i nije bio vetar, bar ne toliko jak da skrene krupne pahulje sa linija njihovog pada, možda je to bilo samo strujanje hladnijeg vazduha, možda su napor i znoj činili da postanem osetljiviji, ali on je ipak prodirao kroz somot pantalona, vunu džempera i pamuk košulje, prelazio preko kože na mojim grudima i stomaku, i uplitao se u dlačice na butinama i potkolenicama. Tada sam uvideo da više ništa ne čujem, bar ne one zvukove po kojima sam prepoznavao grad, čak ni šum koji mi je, dok sam još bio u kući, govorio da napolju pada sneg. Putem su, mogao sam da vidim, povremeno promicali automobili i kamioni, ali zvuk njihovih motora, iako se nisam previše udaljio od osvetljene raskrsnice, nije dopirao do mene, kao da je ostajao na žičanoj ogradi, u paučini njenih okaca. Zec je, poput lopte, nastavio da izleće iz mraka i proleće između pahulja, ne prekidajući da se uspinje uz strminu, što je, možda, smela reč za blagi nagib koji se uzdizao ispred mene, ali ne previše smela za onoga ko je već morao da se pomaže rukama i oslanja na kolena, i da jednom, čak, spusti lice na sneg kako bi došao do daha. Nisam se više usuđivao da se osvrnem, uveren da iza mene zjapi provalija, da je dovoljan jedan pogrešan pokret da se smandrljam u podnožje. Tešila me je žičana ograda, koja bi me, pretpostavio sam, zadržala na rubu puta, iako nisam bio siguran da moje telo, zbog slobodnog pada i ubrzanja, ne bi nastavilo da se kreće, probijajući mrežu i odvodeći me pod točkove vozila. Nije to moglo dugo da traje. Ugledao sam, naime, zeca na jednoj uzvišici, video sam ga prvi put sasvim jasno, isto onako kao u mom prednjem dvorištu, i kada sam se uzverao na tu istu uzvišicu, na kojoj njega više nije bilo, svaka strepnja je iščezla. Košulja mi je bila mokra od znoja, vuna je vonjala na vlagu, pantalone se bešumno rascepile na oba kolena, ali od tog trenutka nisam se više penjao već sam, ako tako može da se kaže, istovremeno izlazio i ulazio. Nisam znao iz čega izlazim i u šta ulazim, ali nešto je neprekidno ostajalo iza mene, kao što se nešto drugo neprekidno otvaralo ispred mene. I tada sam ponovo ugledao zeca. Čučao je na maloj zaravni, pored žbuna, ispred poslednjeg uspona koji je, kao izdvojeni brežuljak na velikom brdu, vodio na vrh. Zaravan je okruživala brežuljak sa tri strane; četvrta se, kasnije sam uvideo, gotovo okomito spuštala do suprotne strane grada, do naselja koje je, poput moga na naspramnoj strani, moglo da živi u uverenju da iza brda nema ničega. Stupio sam na zaravan i ispravio se, prvi put otkako sam kročio na brdo. Srce mi je udaralo, jezik bio suv, usne ispucale. Zec se nije pomerio. Nije se pomerio čak ni kada sam krenuo prema njemu, klecavih kolena, nesiguran, ali nekako lak, toliko lak, u stvari, da za sobom nisam ostavljao nikakav trag. Tragovi nisu vodili ni do zeca. Bela površina zaravni je bila netaknuta, čak se nije osećalo ni hladno strujanje vazduha iz podnožja, tako da su pahulje padale u istovetnim razmacima, svaka za sebe, a opet svaka povezana sa svakom drugom strahotnom simetrijom. Zastao sam pred zecom i video da je žbun pokriven crnim i crvenim bobicama. Zec je podigao ružičaste oči prema meni, pomerio uši, namreškao njuškicu. Iza njegovih leđa, uprkos snegu, nazirala se staza koja je vodila prema vrhu brežuljka. Sagnuo sam se, otkinuo jednu crnu i jednu crvenu bobicu, i stavio ih u usta. Zec je ćutao. Sve je, u stvari ćutalo. Tu, na vrhu, bio sam zapravo na dnu, i tu, izvan svega, bio sam zapravo u svemu. Bobice su bile kisele, ili bar ona prva, koju sam gnječio između zuba dok sam drugu ovlaš pritiskao vrhom jezika uz gornje nepce, sve dok nije, kada sam je jače stisnuo, ispustila slatkasti sok. Obišao sam zeca i stupio na stazu. Pod čizmama, koje i dalje nisu ostavljale nikakav trag, osetio sam stepenike, niske i široke, verovatno usečene u zemlju, možda pokrivene kamenim pločama, i dok sam stupao uz njih, osetio sam da je ulaženje okončano, da sada još mogu samo da izlazim, da ostavljam za sobom, ne samo stvari, nego reči, jezik, pojmove, pokrete i ponavljanja, svaki imetak, naklonosti i neslaganja, treptaj, drhtaj, glas. Ako sam prethodnu strminu savladao samo uz pomoć snage, sada sam hodao bez ikakvog napora; ako sam ranije prepoznavao svaki deo tela, sada sam bio bestelesan; ako sam nekada mogao da se oslonim na svoja čula, sada više ništa nije postojalo osim slatkastog i kiselog ukusa bobica u ustima, koji se, kada sam izbio na vrh, pretvorio u meku gorčinu. Stajao sam na poslednjoj stepenici, iznad padine koja se gotovo okomito zarivala u grad u podnožju, u pravilne kvadrate oivičene uličnim svetiljkama. Ceo grad je bio geometrija svetla, mreža razvučena po zemlji, u čijem središtu su i tada, usred noći, buktale visoke poslovne zgrade, treperile reklamne poruke, žmirkali semafori i vukle se žeravice automobilskih farova. Nisam mogao da mu vidim kraj; možda nije ni imao kraj, kao što nije imao ni početak, kao što nije ništa imao iako je sve zahtevao za sebe, poput istorije, poput mapa na zidovima kuće u kojoj sam stanovao i koju više nisam mogao da pronađem u toj svetlucavoj geografiji. Nisam je ni tražio. Stiskao sam zubima sitne semenke i puštao da mi se usta pune gorkom pljuvačkom. Sneg je i dalje padao, moja odeća se hladila i postajala kruta, tarući se o ono što je nekad bilo moje telo, što sam nekada bio ja. Seo sam, privukao butine uz grudi, obgrlio noge rukama, naslonio bradu na kolena, premda se, u suštini, nisam ni pomerio. Progutao sam pljuvačku i, istog časa, sva svetla su se ugasila. Promena je bila tako nagla, tako neočekivana, poništavajući sve prostorne odrednice i čineći da gore i dole izmene mesta, da sam istovremeno osetio sunovrat i uznesenje, istovremeno gledao kako zemlja seže prema nebu i kako se nebo spušta na zemlju, video beskrajni prostor nad sobom i konačnost svih stvari ispod sebe, opažao sve u isti mah kao tlocrt i kao trodimenzionalno uvećanje, sve bez boja a opet prepuno tananih preliva. Tamo gde je bio grad, više nije bilo ničega; tamo gde je bila iluzija svetla, prebivala je stvarnost mraka. Jedino se sneg nije izmenio. Podigao sam lice prema nebu, i pahulje su nasrnule na njega, hitre poput sitnih životinja. Ubrzo sam mo-

rao da zatvorim oči; posle toga, kapci, pritisnuti sne-
gom, odbili su da se otvore. Nisam ni pokušao da ih
otvorim. Spustio sam glavu i pustio da me pahulje
greju svojom hladnoćom, da se penju uz moje čizme
i pantalone, da se slažu na ukočenim vunenim kon-
čićima. Mrak se skupljao oko mene, s poverenjem,
kao da je ponovo pronašao svoj dom. Tada se, negde
visoko, začuo oštar šum, prvi otkako sam stupio na
brdo. Tako se papir cepa u praznoj sobi, pomislio sam,
tako drvo koje pada otvara sebi put kroz čestar, tako
gradovi prestaju da postoje, tako se čovek otkida sa
ruba i prolazi kroz membranu sveta. Tako se, uosta-
lom, završavaju misli: klepetom krila i cepanjem ne-
ba. Otvorio sam usta, i sneg je nagrnuo u poslednju
prazninu, oblepio jezik i nepce, popunio obraze, skli-
znuo niz grlo, izbrisao svaku preostalu razliku. I kada
se, malo kasnije, zec obazrivo primakao oniskom sne-
žnom obličju i gurnuo njušku među slepljene pahulje,
niko mu nije ništa rekao. Posle je sneg prestao da pa-
da, i na nebu se, kao što je red, pojavio mesec.

AUTOROVA BELEŠKA

Snežni čovek je knjiga o porazu. Ne mogu da kažem o kakvom porazu je reč, jer onaj ko čita mora da pronađe svoju verziju poraza, ne obazirući se pritom na moguća tumačenja kritičara ili samog pisca. Knjiga koja može da se pročita samo na jedan način može da zadovolji one koji veruju da i stvarnost postoji samo u jednom vidu. Za sve ostale, knjiga je račvanje, nepredvidljivo poput račvanja stvarnosti, a ipak neminovno onog časa kada se desi. Otuda poraz u Snežnom čoveku pruža višestruku mogućnost izbora, i premda smatram da pisac nikada ne bi trebalo da utiče na čitaoca, moram ipak da kažem da taj poraz nema veze ni sa kakvom ideologijom. Porazi su za mene, ma kako to staromodno zvučalo, stvar srca. Ideologije, kao i partijska pripadnost, u srcu vide najvećeg neprijatelja.

Ne želim, dakle, da govorim o tumačenju knjige, jer da sam to hteo da uradim, onda je ne bih napisao. Međutim, pisanje Snežnog čoveka predstavlja i dva moja poraza. Prvi je u tome što sam, kao neko ko odavno govori da ne veruje u reči, napisao još jednu knjigu. Ona je, kao i ostale moje knjige, puna jasnih ili prikrivenih pozivanja na nemoć reči ili njihovu nesposobnost da prenose ono što doista mislimo, osećamo ili radimo, ali to nije dovoljno opravdanje. Ne znam da li uopšte postoji pravo opravdanje, i da li bi se, zapravo, trebalo pravdati? Jedino što mi pada na pamet jeste da neko pokušava da izrazi sve, dok neko drugi nastoji da izrazi ništa. U tom smislu, ja sam neko drugi.

Moj dodatni poraz je u tome što sam, kao neko ko odavno govori protiv istorijskih tema kao književnih predložaka, napisao knjigu koja priča o istoriji. Pažljivi čitalac će verovatno osetiti da sam pisao o istoriji tako što sam bežao od nje, ali to nije dovoljno opravdanje. I ne pravdam se, jer smo u istoriji svi podjednako važni ili svi podjednako beznačajni, bez obzira da li smo igrali ulogu vojskovođe ili ratara koji očajava nad uništenim usevima. Moj poraz je, u stvari, izraz mog novog razumevanja, onog koje mi kazuje da je istorija ipak glavni krojač moje sudbine, kao i sudbine svih nas, što sam, sve do pre nekoliko godina, uporno odbijao da prihvatim.

Pisanje je, naravno, pretvaranje, kao i svaka druga umetnost, i onaj ko doista veruje umetniku mora ozbiljno da se zamisli nad samim sobom. Stoga i ne pokušavam da objašnjavam, jer bih u tome samo našao novo opravdanje da pletem pripovedačke zamke ili gradim poetičke lavirinte, odvodeći tako čitaoca sve dalje od suštine. Čitanje mora da bude otkrivanje u istoj meri u kojoj je pisanje zatiranje tragova.

Nijedna knjiga, u stvari, ne govori ni o čemu osim o piščevom naporu da dosegne glas koji ga je proganjao, nudio mu se ili ga zadirkivao. Ponekad je to glas koji se menja, katkad je to glas koji se ponavlja ili pak, kao u Snežnom čoveku, glas koji se osluškuje u prostoru izvan jezika kojem pripada.

Pažljivi slušalac tog glasa prisetiće se da je u knjizi Jednostavnost taj glas rekao da je oduvek želeo da vidi Jerusalim sa velike visine. U Snežnom čoveku ispunio sam mu tu želju. Nisam ga, doduše, podigao među oblake, već sam na zid kuće u kojoj je prebivao prikucao takvu fotografiju Svetog grada. Ne znam da li ona doista postoji, ali mogu da pretpostavim da iznad Jerusalima proleću i avioni a ne samo anđeli, i da moja izmišljotina lako može da postane stvarnost. Fotografija na kraju, pada sa zida, kao i sve mape, ostavljajući nemilosrdnu nagost zidova i nagoveštavajući sveobuhvatnu belinu snega koji sve pokriva i izjednačava.

Snežni čovek je, zapravo, opis jedne od istorijskih mrlja na tom snegu, na savršenoj belini onoga što svet doista jeste. Ili što bi, bar, mogao da bude.

Kalgari, januar 1996.

ROMAN *SNEŽNI ČOVEK*
DAVIDA ALBAHARIJA

Pometen ratnim vihorom jedan evropski pisac odlazi u Novi svet, negde na daleki sever. Ne znamo kako se pisac zove, niti precizno znamo odakle je, ni kome pripada, jer ne pripada nikome, čak ni sebi. Sve je nekako neodređeno, i kao od sebe odmaknuto. Ipak, u romanu saznajemo da se piščeva zemlja, negde na granici Srednje i Istočne Evrope (pominju se Dunav i Balkan), raspala u krvavom sukobu i da je bezimeni pisac, koji kaže da „jedino za sebe nikada nije imao stalno ime", došao u takođe neimenovanu daleku severnu zemlju da bi nastavio da piše. Tu ga najpre zatiču tišina i usamljenost, praćene konvencionalnim gostoprimstvom ljudi koji mu pružaju utočište, a to je gostoprimstvo drugo ime za nerazumevanje. Savršeni red novog života ne može ispuniti junakovu unutrašnju prazninu, naprotiv, red iritira prazninu, i čini je još većom i dubljom. Svi njegovi sagovornici, sporedni likovi romana, misle da bi njegovo pisanje trebalo da bude oslobađanje od uspomena. Tih uspomena, nekih konkretnih, traumatičnih uspomena, međutim, nema. Junaku je ostao samo jezik i u njemu mutna predstava o nesreći istorije. Istorija je priča, tamna i turobna priča, takoreći „crna rupa", svakodnevica je odsustvo priče. Junak u stvari živi i misli svoj prelazak iz istorije kao teške priče, u svakodnevicu kao lakoću odsustva priče. Njegova svest klizi po svetu, mikroskopski beležeći sve opažaje, sve, pa i najmanje detalje vidljivog prostora i najfinije psihološke reakcije na podsticaje koji otuda dopiru.

Pretražujući kuću u kojoj se nastanio junak u podrumu otkriva depo geografskih karata. Prethodni stanar kuće, očigledno, bio je kartograf. Okružen tim kartama, povešanim po zidovima, junak romana *Snežni čovek* pokušava da sredi svoj odnos i prema sebi i prema svetu, kako onom iz kojeg je došao, tako i onom u koji je došao, ali ni u čemu ne nalazi čvrstu tačku oslonca, na kojoj bi mogao iznova da izgradi punoću sopstvenog bića. Čak ni u jeziku. Junak je, inače, u novu sredinu, prema sopstvenim rečima, pristigao sa idejom o „novom početku", a suočio se samo sa mišlju o starosti, i sa postepenim, sve intenzivnijim osećanjem gubitka sopstvene materijalnosti, sa iščeznućem bića. „Došao sam, pomislio sam, zato što je prostor počeo da nestaje, zato što više nisam mogao da se setim kako se zovem, zato što sam govorio samo u kratkim rečenicama, sa sve manjim brojem reči (...), došao sam zato što jezik nije više ništa značio, što se prosipao kao brašno u mlinu, što ga, zapravo, nije više bilo". Ali, uprkos očekivanju da će se u novom svetu desiti nekakva promena, „novi početak" ili buđenje iz košmara istorije, nekakva transfuzija osmišljene i intenzivne životne energije, ništa se takvo ili tome slično ne dešava. Mape po zidovima, kao i reči njegovih sagovornika, podsećaju junaka da je život, onaj pojedinačni isto kao i onaj opšti, u stvari unapred zadato stanje trajnog nerazumevanja, postojanog odsustva autentične komunikacije, i u samom biću, i u istoriji koja je neka vrsta nad-bića, apstraktnog ali vrlo delatnog nad-bića (Đavola u staroj teodiceji) koje uslovljava svaki i svačiji život, utoliko više ukoliko od istorije taj život želi da pobegne, da se ukloni od misli na nju, baš onako kako je to poželeo glavni junak *Snežnog čoveka*.

U novim životnim okolnostima, tamo gde svakodnevica ima prednost nad istorijom, odmaknut od nekog bivšeg sebe, junak, razmišljajući o minulom iskustvu koje nije vredno sećanja, ali koje ga utoliko više pritiska, svodi svoje misli na jedno jedino pitanje: – Kako pobeći od istorije? Dakako, direktnog i spasonosnog odgovora na to pitanje nema. Reč je, razume se, o životu kao o nes-vršenoj glagolskoj radnji, jer je život, kao takav, sav i u sebi, nezaustavljivo bežanje pred istorijom. Kada ta radnja pređe u svoj svršeni glagolski vid, kada je smeni mirovanje, onda svako, pa i junak romana *Snežni čovek*, dolazi do na samu granicu, na sam kraj. Drugim rečima, od istorije je moguće bežanje, ali ne i konačno bekstvo, osim bekstvo u smrt. Svako drugo *bežanje od istorije* je, zapravo, zaobilazno ili neposredno, zavisi od slučaja do slučaja, *bekstvo u istoriju*. Svuda vladaju ratovi, svuda traju migracije naroda, svuda se povlače granice. Igrom sudbine junak se u životu zatekao tamo gde su ti procesi i najčešći i najintenzivniji, a u Novom svetu ga, na prvi pogled bi se reklo nehotično, a zapravo neumitno, sačekuju slike koje ga neprestano podsećaju da izlaza iz istorije nema, osim u ništavilo.

Simbolička projekcija tog izlaza oličena je u završnim rečenicama romana *Snežni čovek*, koje su ne samo najbolji deo dosadašnje prozne umetnosti Davida Albaharija nego idu i u sam vrh savremenog srpskog pripovedanja. Nakon što je u sveopštoj relativizaciji jezika i sveta, siguran jedino u saznanje da se izvan istorije ne može (što je kardinalni poetički i saznajni zaokret u Albaharijevoj poetici), uklonio karte sa zidova svoje kuće, zagledavši se u gole zidove kao u sliku konačnog poraza, junak romana će se jedne snežne noći zaputiti za tragovima polarnog zeca, u netaknutu prirodu, pod mesečinom. Ići će za njima sve dok ne zabasa i ne ostane potpuno sam, u snežnoj pustinji. Sve će nestati, junak će se izjednačiti sa prazninom, njegov će jezik, na zavejanom brdu prekoračiti granice njegovog subjekta. (To je, naravno, moguće samo u književnom tekstu koji nam u formi replike, to jest, rekonstektualizacije biblijskih simbola, posreduje projektivni, borealni prizor vertikalnog obraćanja jedva čujnim glasom nepostojećem transcendentu, u vremenima u kojima je istorija uništila sve što se moglo uništiti: čoveka, odnosno, ljudski subjekt na prvom mestu.)

Više se, ako tako tumačimo kraj Albaharijevog romana, ne zna ko u njemu izgovara poslednje rečenice. Nestalo je prvog lica, a objektivni pripovedač se nije ni pojavio, nestao je jezik obeležen kategorijom subjekta jer ni subjekta više nema, on je postao praznina, to jest belina. Ostaje samo hladni snimak jedne zimske noći, posle svega: „I kada se, malo kasnije, zec obazrivo primakao oniskom snežnom obličju i gurnuo njušku među slepljene pahulje, niko mu nije ništa rekao. Posle je sneg prestao da pada, i na nebu se, kao što je red, pojavio mesec." Ko izgovara te reči, ko posmatra i opisuje taj prizor – na to se pitanje ne može pouzdano odgovoriti, tačnije, nema ko na njega da odgovori. Predeo je ispražnjen, jezik je ispražnjen, nad pustinjom prirode lebdi mesečeva snežna svetlost, u noći sveta, u kojoj vladaju fantomi istorije, Đavola i smrti. I to je to.

U *Snežnom čoveku* Albahari je primenio i na još viši izražajni nivo podigao svoja znana stilska i poetička svojstva, bogateći ih temom koja mu je došla direktno iz biografije, ali koja je u tekstu romana obrađena postupkom čiste, nad-dokumentarne fikcionalizacije. Tom fikcionalizacijom se problematizuju ne samo piščeva lična nego i opšta, epohalna pitanja savremenog sveta, i čoveka u tom svetu, tako podložnog pomahnitalom radu istorije, i tako slabo otpornog na njenu manitu inerciju. Distancirajući se od ličnog iskustva, ali se koristeći njegovom unutrašnjom snagom, Albahari je u romanu *Snežni čovek* ispričao kako izgleda jedno od bezbroj mogućih suočenja današnjeg čoveka (bilo kog čoveka iz ovog dela sveta) sa silom koja je nemerljiva, i koja stalno traži njegovu dušu. Učinio je to na posredan, metaforičko-metonimijski način, onako kako se to i čini u delima za koje kažemo da su imanentno umetnička, da prevazilaze svet od čijeg iskustva su jednom krenula. Zahvaljujući toj posrednosti, koja je realizovana sa punom snagom književnog dara, Albahari je napisao svoju najsugestivniju, ako ne i najbolju knjigu. Da je to učinio drukčije, recimo, na danas uobičajen, transparentan način, bila bi to samo još jedna knjiga o egzilu. Jedna od mnogih knjiga, dobrih ili manje dobrih, sasvim svejedno. Sugestivnost Albaharijeve priče o egzilu počiva na jezičkoj, formalnoj i značenjskoj izbalansiranosti pripovedanja, što je i prvo poetičko svojstvo i prva estetička vrlina *Snežnog čoveka*. Zagovornik poetike sažetosti, svođenja jezika na izricanje bitnih, mikroskopski opserviranih detalja ljudskog postojanja, Albahari je u *Snežnom čoveku*, za razliku od ranijih, na prvi pogled bliskih tekstova (*Cink* i *Kratka knjiga*), uveo i govor o aktuelnoj istoriji i politici, ali na nedirektan, suptilan način, pun ironije i intelektualne relativizacije koja će, na kraju, obgrliti i samog junaka/ja-pripovedača. *Snežni čovek,* pomalo paradoksalno, otvara svoj romaneskni horizont upravo sumnjom u temeljne epske postulate najsloženijeg i najobimnijeg proznog žanra. U njemu se priča priča kroz sumnju i u jezik i u priču, u njemu je istorija ognuta u svakodnevici, a život u stalnoj slutnji starosti i smrti. Jezička prefinjenost koja nije sama sebi svrha već je u neposrednoj vezi sa preciznim opisom nomadskog osećanja života subjekta koji nigde, pa ni u sebi, ne može da se skrasi, čini Albaharija jednim od najboljih stilista savremene srpske proze.

Mihajlo Pantić

SADRŽAJ

Izdavačko preduzeće
RAD
Beograd, Dečanska 12

*

Glavni urednik
NOVICA TADIĆ

*

Grafički urednik
MILAN MILETIĆ

*

Korektori
NADA GAJIĆ
MIROSLAVA STOJKOVIĆ

*

Nacrt za korice
JANKO KRAJŠEK

Realizacija
ALJOŠA LAZOVIĆ

*

Priprema teksta
Grafički studio RAD

*

Za izdavača
SIMON SIMONOVIĆ

*

Štampa
Elvod-print, Lazarevac

9 788609 007019